말문을 열리게 한

_____ 에게

말 문 이
열 리 는

순

간

우 리 말   사 진   산 문

말문이 열리는 순간

찰나에 어린

우리말 형용사

이온 지음

이응

차례

1
빛깔의 언어

희다	16
해말갛다	18
발그레하다	20
연푸르다	22
짙푸르다	26
붉디붉다	28
샛노랗다	32
거무스레하다	34

2
모양의 언어

둥글다·각지다	38
짤따랗다·기다랗다	42
얄찍하다·굵직하다	46
메마르다·축축하다	50
삐뚤다·곧다	52
어리다·오리다	54
자잘하다·크나크다	58
없다·많다	60

3
풍경의 언어

물씬하다	66
세차다	68
눈부시다	72
아롱지다	74
살풍경하다	78
스산하다	80
교교하다	82
적요하다	84

4
감정의 언어

안되다	90
고달프다	92
애끓다	96
노엽다	98
덧없다	102
미덥다	104
즐겁다	106
고맙다	108

5
태도의 언어

지긋하다 114
빈틈없다 118
다부지다 122
떳떳하다 124
오롯하다 128
대담하다 130
다정하다 132
느긋하다 138

6
가치의 언어

괜찮다 142
마침맞다 144
오묘하다 148
빼어나다 152
신기하다 154
경이롭다 156
거룩하다 160
장하다 162

일러두기

*이 책에 나오는 우리말 표기법과 뜻풀이는 국립국어원의 표준국어대사전을 따랐습니다.

여는 글

말문을 여는 말

순간에 충실한 말

"형용사는 사진이다!"
2만 여 장의 여행 사진을 정리하다가 절로 터져나온 말이다. 진달래와 영산홍 사이로 아침 햇살이 내리쬐는 풍경에 '눈부시다!', 엄마의 등을 껴안은 어린 소녀의 모습에 '포근하다!'와 같이 사진 한 장에 형용사 하나가 불려 나온 끝이었다.
고백컨대 여전히 형용사가 어떤 말인지 헷갈린다. '화나다'와 '노엽다' 중 어떤 말이 형용사인지 물으면 행여 정답은 맞힐지 몰라도 그 이유를 명쾌하기 설명하기는 어렵다.
알 듯 모를 듯한 형용사(形容詞)라는 명칭을 조금 더 쉬운 말로 바꿀 수는 없을까. 골똘한 결과 '멈춘 말, 갇힌 말, 고인 말, 어린 말'이 연이어 떠올랐다. 정녕 형용사는 순간을 포착한 사진과 닮은 말이기에.
그래서인지 형용사는 현재 진행형이 어울리지 않는다. '아름답다'라고는 해도 '아름답고 있다, 아름다운 중이다'라고 하지도, 혹은 '아름다워라' 명령하거나 '아름답자' 권하지도 않는다. 같은 이유로 '행복하세요'는 날이 안 되는 말이기에 실현되지 않는지도 모른다.
사물이나 현상의 고유한 성질, 그 사물이나 현상이 놓인 상태를 나타내는 형용사는 현재 시제에서 가장 빛나는 말, 과거형이나 미래형을 쓸 수는 있지만 순간의 시제가 잘 어울린다. 해서 '영원한 찰나', 사진과 닮았다.

마음을 그리는 말

형용사의 순우리말 이름은 '그림씨'다. 여기서 '씨'는 품사를 뜻한다. 동사는 움직씨, 명사는 이름씨인 데 비해 형용사만 '그림'이라는 모호한 앞머리가 붙는다.
사물의 형상을 그린다고 할 때의 그 의미다. 그림이 대상의 성질과 상태를 묘사하듯 형용사도 말로서 그리하기에 외솔 최현배 선생은 형용사를 그리 부르자고 했을 테다.
실제 형용사에는 '짙푸르다, 아롱지다, 덧없다, 느긋하다, 오묘하다'처럼 떠올리면 눈앞에 그림 한 점 펼쳐지는 말이 많다. 그리면 단박에 그리워지는 말도 많아 '사랑하는 마음으로 간절히 생각하다'라는 뜻의 또 다른 '그리다'가 떠오르기도 한다.
형용사는 동사와 명사처럼 일대일 대구를 이르거나 테두리가 명확한 말이 아니다. '아름답다'만 해도 누가 기준이 되거나, 기준을 정할 수 없다. 경험과 시선에 따라 그 의미가 달라진다. 하여 형용사는 맑은 물에 떨어진 먹물처럼 뚜렷한 윤곽선 없이 크게 번지는, 가없고 더없는 말이다.

영원히 새파란 말

'늙다'는 동사인데 '젊다'는 형용사라는 사실을 처음 알았을 때, 이 책을 쓰기로 마음먹었다. 젊음은 동작이 아니라 상태의 개념이니까.
몇 해 전 '못나다, 못생기다, 잘나다, 잘생기다'를 포함해 몇몇 형용사의 품사가 동사로 바뀌기도 했다. 성형이 허다한 시대에 못남과 잘남은 이제 상태의 영역도 아닌 모양이다. 역시 형용사는 현재를 잘 따른다.
언젠가 이문재 시인이 내게 왜 그렇게 우리말을 파고드는지 물었다. '작가는 사물의 이름을 아는 자'라는 박완서 작가의 말을 빌려오고 싶었지만, 그리 멋진 말은 나중에 알았다.
그 질문의 답을 찾던 중, 우연히 국립국악관현악단의 공연을 보았다. 생전 처음 듣는데도 너무도 자연스럽고 아름다운 우리 음악에 단번에 매료되었다. 아는데 모르고 살았던 지난날이 안타까울 정도로.
집으로 돌아가는 길, 뒤늦게 시인의 물음에 답하고 싶어졌다. "우리말이 너무 아름다워서 오래도록 그 말을 머금은 채 그 안에 머물고 싶다"고.

1

빛깔의 언어

숨의 흰빛에서
때의 검은빛까지
세상의 무수한 빛깔만큼
색다른 우리말 그림씨는
그 빛을 온전히 되비춘다.

희다
해맑갛다
발그레하다
연푸르다
짙푸르다
붉디붉다
샛노랗다
거무스레하다

희다

물과 숨은 묵묵히 뭇 생명을 살린다. 모든 소중한 것이 그러하듯 마치 없는 듯 마냥 함께한다. 물은 그 너머를 비추는 빛으로, 숨은 그 빛깔조차 지운 채로.

바다와 비, 땀과 눈물처럼 어디에든 내려앉는 물은 숨에도 깃들어 산다. 모든 생명은 들숨에 공기 중의 물기를 들이마시고, 날숨에 제 속의 물기를 내뱉는다.

바다가 얼어 해빙(海氷)이 되고 비가 얼어 눈이 되듯, 숨 속의 물은 얼어 하얀 입김이 된다. 코 밑에 손가락만 대어도 매양 느끼는 숨결인데, 그 빛깔만은 한겨울이 되어서야 비로소 하얗게 드러난다.

1만 미터 상공을 시속 800킬로미터 남짓한 속도로 날아가는 쇠로 된 새도 숨을 쉰다. 비행기 측면에 난, 긴원 모양의 창문 아래 쌀알만 한 숨구멍(Breather Hole)으로 크나큰 기압 차와 기온 차를 견디며 오래도록 호흡한다.

인천에서 날아올라 몽골의 초원을 지날 때도 멀쩡했는데 시베리아 설원이 내려다보이자 이내 세 겹의 고강도 유리창 맨 아래, 작디작은 숨구멍 주위로 서늘한 성에가 서린다.

숨은 이리 생명의 순수성과 고결성을 품은 흰빛이다. 사라지면서 살아 있음을 일깨우는 그 자취는, 시리도록 희다*.

---

*희다 : 눈이나 우유의 빛깔과 같이 밝고 선명하다.
하얗다 : 깨끗한 눈이나 밀가루와 같이 밝고 선명하게 희다.

© 어느 상공

해맑갛다

곤히 잠든 아이는 기지개도 켜지 않고 벌떡 일어난다. 마치 뭔가에 놀란 듯 별안간 두 다리를 쌍시옷 자 모양으로 만들며 누웠던 자리에 나앉은 채 잠 낀 목소리로 외친다.
"이모, 놀자!"
한시 바삐 놀고 싶고, 막상 놀면서도 더 재밌게 놀고 싶은 개구진 눈에는 물기와 장난기가 그득하다. 내도록 놀아 놓고 잠시 잠깐 놀거리가 떨어지면 땅이 꺼질 듯한 말투로 '심심해, 심심해' 돌림노래를 부른다.
방금까지 으하하 숨이 넘어갈 듯 웃던 아이는 이제 그만 놀고 자야 한다는 엄마의 말에 세상이 무너진 듯 이내 목을 빼고 꺽꺽 운다. 다음날 아침이면 또 언제 그랬냐는 듯 놀 궁리에 벌떡 일어나고.
환히 웃는 아이의 얼굴은 맑디맑다. 공회전 금지 경고장을 봤네, 못 봤네 목청 대결을 하는 주민과 오토바이 운전자의 대거리는 그저 소란한데, 바로 옆 놀이터에서 뛰노는 아이의 웃음소리는 아무리 커도 그저 기껍다. 그 웃는 얼굴이 해맑갛게* 너무도 뻔해서.
'해맑갛다'나 '해맑다'의 이마에 매달린 '해'는 아침마다 맑고 밝은 빛을 뿜는 그 해가 아닌데, 공교롭게 모든 말간 빛에는 매일 새로 나는 아침해의 기운이 어리었다.

맑갛다 : 산뜻하게 맑다. 눈이 맑고 생기가 있다.
*해맑갛다 : 하얗고 맑갛다.

ⓒ 파주 운정호수공원

발그레하다

설렘과 떨림을 느끼면서 해맑갛기만 하던 아이의 볼은 때로 발그레하게* 물든다. 몸이 자라면서 두 볼에 연붉은 혈색이 끼치듯 말간 마음에도 이따금 발간 빛이 스민다.
봄을 닮은 아이처럼 봄꽃에도 발그레한 빛이 돈다. 오소소 흩날리는 보얀 벚꽃 잎도 슬며시 발갛다. 벚꽃이 질 무렵 피어나는 모과 꽃에는 보다 붉은 기운이 깃든다.
한 계통에 속한 각 개체 사이에 유사성이 존재하듯 한 개체의 각 기관도 서로 닮은 데가 많다. 특히 열매는 꽃 진 자리에 맺히는 필연으로 둘의 기질은 잇닿는다.
어인 일인지 앙증맞고 여린 빛의 모과 꽃만은 큼직하고 울퉁불퉁한 모양의 모과 열매와 달라도 너무 다르다. 그러해도 색과 향이 유달리 곱다는 점은 꼭 같다.
단단하고 우툴두툴한 나뭇가지에 소담히 피어난 모과 꽃을 바라보노라면 마음까지 발그레 물들고, 잘 여문 모과 열매 향기를 맡으면 마음에 그윽한 향이 번진다.
그 마음을 담아 시 한 수 지었다. 제목 <모과>.

아니 귀한 자식이 어디 있다고
귀한 열매더러 감히 못났다 하나
곱고 오묘한 빛, 깊고 그윽한 향까지
모과 열매는 발그레한 꽃을 빼닮았구만

발갛다 : 밝고 엷게 붉다.
발그스름하다 : 조금 발갛다.
*발그레하다 : 엷게 발그스름하다.

© 서울 남산자락숲길

연푸르다

2020년, 안식년 삼아 서귀포에 머물러 살았다. 딱 10년 전, 여행서를 쓰며 수시로 오간 제주였는데 너른 섬에는 여전히 미지의 장소가 수두룩하였다. 송악산과 모슬봉, 가파도와 마라도, 제주곶자왈과 영어교육도시를 두루 품은 대정읍도 그런 곳이었다.

새로 마련한 거처는 모슬포 바다가 지척이라 마음따라 달라지는 사람의 안색처럼 날씨따라 달라지는 바다의 기색을 마음껏 지켜보았다. 서슬 퍼런 청년의 열정으로 들끓다가도 하루아침에 도통한 노인의 평정심을 되찾는 변신술을 볼 때마다 경외감을 느꼈다.

바다의 푸른 기운을 듬뿍 쐬고 나면 제주의 천연 숲, 곶자왈에서 물과는 또 다른 숲의 파란빛으로 마음의 때를 마저 씻기었다. 다행히 새 거처는 여러 곶자왈과도 가까웠다.

제주곶자왈에서는 산산이 부서진 화산 송이 길을 걷고, 화순곶자왈에서는 칠흑 같은 밤에 반딧불이의 빛나는 꽁무니를 쫓았다. 이상하게 산양곶자왈에서는 키 큰 바늘잎나무에 홀려 툭하면 길을 잃었다.

이정표 따라 간 길인데 또 다시 길을 헤맨 연유를 헤아리며 느긋이 집으로 돌아오던 어느 날, 마을 어귀에서 우뚝 서 버렸다. 너른 노지에 자욱한 자줏빛 기운에 발길을 멈추었다.

연하다 : 빛깔이 옅고 산뜻하다.
푸르다 : 맑은 가을 하늘이나 깊은 바다, 풀의 빛깔과 같이 맑고 선명하다.
*연푸르다 : 연하게 푸르다.

낮은 돌담 너머 그보다 더 낮디낮은 자줏빛 풀 포기의 정체가 무언지 깨닫고는 이내 아연해졌다. 서울 살 때는 어쩌다 공원에서 몇 무더기 마주한 일이 전부였는데, 오로지 그 풀만으로 넓디넓은 밭을 이룬 풍경은 처음 본 터라.
꽃이 어릿광대의 모자를 닮았다고 하여 광대나물이라 불리는, 식용이든 관상용이든 특별한 용도가 없기에 애써 기르지 않던 저 풀이 저리도 아름다웠던가. 한 마지기에 수십 억을 호가하는 대도시에서는 불후의 불로초가 아니라면 그저 쓸데없는 잡초일 뿐이었는데.
기분 좋은 얼떨함을 안은 채 너른 꽃밭을 뒤돌아보고 또 돌아보았다. 그러고 보니 꽃밭 너머 두 팔 벌린 하늘이 눈물겹게 푸르다. 구름이 녹아든 듯 푸른빛에 흰빛에 끼친 연푸른*빛깔로.
집으로 돌아오는 길, 꽃밭과 하늘의 잔상을 되새기며 대도시의 흔한 부품으로 살며 그토록 간절했던 풍경이 무엇인지 깨달았다.

공중과 빈터!

수평보다 수직이 득세하는 세상에서는 공중도 누군가의 소유다. 하늘에는 국경이 없다는데 전망은 계급과 동급이 되어 촘촘히 나뉜다. 공중이 그러한데 빈터는 오죽할까.
재가 되는지도 모르고 앞만 보고 달린 이에게 아름다움과 쓸데없음이 한몸이 된 빈 풍경은 '너무 애쓰지 마라, 자연스러워야 아름답다' 그리 한 수 가르쳤다.

© 서귀포 대정읍 보성리

짙푸르다

새푸른 신록(新綠)은 오간 데 없이 짙디짙은 녹음(綠音)이 울울한 한여름, 담양에 갔다. 이름에 빛(光)이나 볕(陽)을 품은 고장이 대개 그러하듯 담양도 빛의 양과 질이 성한 곳이다.

곧게 뻗은 대나무로 빼곡한 죽녹원, 자를 대고 그린 듯 세모반듯한 메타세쿼이아 가로수길, 푸조나무와 느티나무, 팽나무 등 숲을 이룬 나무 중 절반이 천연기념물로 지정된 관방제림까지 종일 푸르른 길을 걸었다.

여장을 부리려 잠시 들른 한낮의 숙소에는 주인 대신 매실이 길손을 맞는다. 단정한 대나무 쟁반에 놓인, 갓 딴 듯 생생한 열매는 정갈하게 옹골차다. 점쟁이가 뿌린 쌀알처럼 우연한 풍경은 애써 만든 작품인가도 싶다.

짙음은 곧 절정이다. 연푸르던 빛이 농익으며 푸르고 푸르러져 푸름의 최고치에 도달하면 짙푸른 빛이 되듯. 봄이 채 당도하지 않은 입춘(立春)에 맺혀 망종(芒種)에 거둔 매실은 스스로 짙푸른* 여름이었다.

짙다 : 보통 정도보다 빛깔이 강하다.
*짙푸르다 : 짙게 푸르다

ⓒ 담양군 창평면 창평리

붉디붉다

쓴맛이 지나칠 때 '쓰디쓰다'라고 한다. 아메리카노가 쓰다면 에스프레소는 쓰디쓰다.

여기서 '-디'는 동사나 형용사의 어간을 반복하여 쓸 때 그 사이에 들어 뜻을 강조하는 연결어미다. '-디'를 품은 복합형용사(두 가지 이상의 말이 결합된 형용사)는 '희디희다, 푸르디푸르다, 검디검다, 굵디굵다, 높디높다, 크디크다'처럼 빛깔이나 모양을 표현할 때 자주 쓴다.

복합형용사 중 일상에서 자주 쓰는 단어 중 하나가 '붉디붉다*'이다. 진하게 붉은 '짙붉다'와 달리 더없이 붉은 빛을 이를 때 불려나오는 말이다. 짙붉은빛이 붉은빛에 검거나 푸른 빛이 감도는 인상이라면 더없이 붉은 빛은 오로지 붉기에 충실한 빛이다.

고추에 빗대자면 '붉다'는 한창 익어가는 고추의 빛깔, '붉디붉다'는 익을 대로 익어 윤기마저 감도는 고추의 빛깔, '짙붉다'는 검은빛이 감돌 정도로 잘 말린 고추의 빛깔이랄까.

붉다 : 빛깔이 핏빛 또는 익은 고추의 빛과 같다.
*붉디붉다 : 더할 나위 없이 붉다.

서귀포에 머무를 때, 한번은 집에서 대정오일장까지 꽤 먼 길을 걸어갔다. 대한민국 최남단 지역답게 초여름인데도 한여름처럼 볕이 셌다. 문득 끼치는 시원한 기운에 고개를 드니 머리 위로 붉은 꽃비가 쏟아지고 있었다.

꽃이 꼭 병 닦는 솔처럼 생긴 병솔나무(Bottle Brush Tree) 긴 꽃가지가 탐스럽게도 늘어져 있었다. 열대지방으로 순간 이동한 듯한 기묘하고 풍요로운 기운을 만끽하려 한동안 꽃그늘에 머물며 머리가 어질하도록 나무를 올려다보았다.

병솔나무와 달리 제주의 동백나무는 마냥 아름답게만 보이지 않는다. 멋모를 때는 애써 동백 군락지를 찾아 재래종부터 개량종까지 갖가지 동백꽃 감상에 열을 올렸다.

동백꽃이 제주 4.3의 상징이라는 사실을 안 뒤로는 그 붉은 빛에 핏빛이 어려 보이기도 했다. 더할 나위 없이 고운 꽃에 어린 깊은 상흔, 동백꽃은 해마다 붉디붉은 빛으로 절대 잊어서는 아니 될 기억을 되새긴다.

ⓒ 제주 동백동산

샛노랗다

그해 가을, 광주는 참 고왔다. 무등산 서석대로 가는 길에는 갈대가 물결치더니 비엔날레 전시관 주변은 은행잎이 흐드러져 황금빛 비단이 깔린 듯했다.

급한 걸음으로 전시를 보러 가는데 어디선가 한 무리의 아이가 나타났다. 뭐가 그리 좋은지 꺄르르 꺄르르 웃어대는 통에 '여기 서자, 저리 가자'는 선생님 목소리는 들리다 말다 했다. 전시를 보고 나오니 신나게 웃고 떠들던 아이들은 모두 사라지고, 그 자리에는 알리바이처럼 노란 가방만이 제멋대로 흩어져 있었다.

가을을 왜 타는지 도무지 모르는 아이들의 노란 웃음이 배인, 은행잎보다 샛노란* 가방을 보며 봄가을의 노랑은 이리도 다르구나, 깨달았다.

노랗다 : 병아리나 개나리꽃과 같이 밝고 선명하게 노르다.
*샛노랗다 : 매우 노랗다. ('새-', '샛-'은 '매우 짙고 선명하게'라는 뜻의 접두사)

© 광주비엔날레 전시관

거무스름하다

이십대의 끝자락, 석모도에 갔다. 섬에는 가고 싶은데 너무 멀리는 갈 수 없던 시절이었다. 늦은 밤까지 친구와 일과 사랑을 주제로 긴 이야기를 나누었다.

새벽녘 어스름한 빛에 눈을 뜨니 통나무 펜션의 천창으로 아침볕이 스며들고 있었다. 어젯밤 우리가 내다본 불투명한 미래를 닮은 듯한 들창은 구정물을 뒤집어쓴 듯 거무죽죽하고 거무튀튀했다.

안쪽에 낀 때라면 어찌 닦아 보기라도 할 텐데 창밖에 낀 때라 정 닦고 싶으면 지붕까지 올라가야 할 판이었다. 우수수 먼지라도 떨어질까 잠시 망설이다가 살며시 들창을 밀어 올렸다. 어찌된 일인지 흐릴 줄 알았던 하늘이 너무나도 맑다. 때 낀 창문이 하늘을 흐리게 만들었을 뿐이었다. 거무스름한* 들창 같은 비관이 가닿지 않은 내일을 어둑히 비추었듯.

검다 : 숯이나 먹의 빛깔과 같이 어둡고 짙다.
*거무스름하다 : 빛깔이 조금 검은 듯하다.
거무죽죽하다 : 칙칙하고 고르지 않게 거무스름하다.
거무튀튀하다 : 너저분할 정도로 탁하게 거무스름하다.

ⓒ 강화 석모도

2

모양의 언어

옳고 그름을 나누기가
가르마 타기보다 쉬워
나는 맞고, 너는 틀려!
길게 선 긋고 등돌리네.
그저 우린 모두 달라
나도 옳고, 너도 옳아!

**둥글다·각지다
짤따랗다·기다랗다
얄찍하다·굵직하다
메마르다·축축하다
삐뚤다·곧다
어리다·오래다
자잘하다·크나크다
없다·많다**

둥글다·각지다

물어물어 몇 대째 이어진 이름난 식당을 찾아 설레는 마음으로 주문했건만, 밤새 고았다는 국물은 날벌레가 먼저 시식 중이다. 주인장은 숟갈로 벌레만 떠내고 끝내 새 국을 갖다 주지도, 풋사과를 건네지도 않는다.
모서리마다 묵은 때가 덕지덕지한 식탁 위로 벌레 먹은 국밥 옆에 죄 말라버린 반찬, 살얼음 낀 대파가 차려진다. 끝내 짙붉은 고춧가루 하나, 접인 양 말라붙은 물잔을 바라보자 떨어지는 식욕에 가속도가 붙는다.
식사하는 손님이 있는데도 사납게 그릇을 치우는 소리나 빈 통에 수저를 채우는 쇳소리에 무성의와 무신경이 무례와 얼마나 가까운지 새삼 깨닫는다. 그래도 음식을 다루는 마음 그대로 손님을 대하니 일관되다 해야 할까.
그냥 대충 먹으라는, 주인장의 이야기를 대신 전하는 듯한 동행의 충고는 실망에 절망을 보탠다. 저마다 제자리에서 제 할 일 제대로 하리라는 기대가 그리 낯선 마음인가.

그건 옳지 않아요!
왜 까라면 까야 하죠?
전 그리 생각하지 않습니다.

ⓒ 서울 을지로 공구 삼가

허약한 권위와 갸냘픈 위세로 찍어 누르는 말을 고분고분 따르지 않으며 살았다. 모난 놈을 못난 놈이라 여기는 시절에는 때문에 사는 게 고달팠다. 허구한 날, 갖가지 모함과 부당한 처우에 시달렸다. 모를 세울수록 내리치는 정도 강해져 마음 성할 날이 없었다.

곧 죽어도 원만해지고 싶지는 않았다. '(모두) 좋은 게 좋은 거'라는 그 허공에 헛손질하다 허방 짚는 소리를 '(나도) 좋아야 좋은 거'라 바로잡고 싶은 마음만 커졌다. 하나 아무리 각을 세워봤자 아무것도 달라지는 바 없음을 절감하며 서서히 모는 깎이고 패여 본래의 모습을 잃어가는 듯했다.

'둥글둥글'을 미덕이라 여기는 세상에서 세모와 네모는 동그라미를 해치는 각진 존재일 뿐이구나. 둥근* 깨달음을 안고 하염없이 걷던 날, 우연히 을지로 공구 상가 앞을 지났다. 저마다 다른 모양의 철근 무더기가 고스란한 모습을 마주했다. 철근 사러 온 사람도 아니면서 각종 철근을 세세히 살피며 공구상 앞을 서성이다가 어둑한 실내에 사람이 있다는 사실을 뒤늦게 알았다.

*둥글다 : 원이나 공과 모양이 같거나 비슷하다. 성격이 모가 나지 않고 원만하다.
*각지다 : 물체의 모양이 부드럽지 아니하고 각이 져 있다.

그는 문밖 상황에는 아랑곳없이 통화에 집중했다. 서류를 뒤적이며 '1톤에 80만원, 아니 80!' 큰소리로 외친 후, 상대편이 불러 주는 주문을 한 번 더 되뇌며 꼭꼭 받아썼다.

그래, 저리 단단한 재질의 세모와 네모, 각진* 철근도 제게 꼭 맞는 자리와 쓰임이 있으리라. 순간, 풀물 같은 위로가 물 찬 마음 위로 번졌다.

모서리는 가운데보다 약하다. 비상 상황에 자동차 문의 모서리부터 깨고, 엄청난 압력을 견디는 항공기 유리창이 긴 타원형인 이유도 그래서다. 지금 이 책만 봐도 귀퉁이부터 닳지 않았는가.

모가 날선 이유는 상대를 찌르거나 해하기 위해서가 아니라, 저 너머를 섬세하게 느끼고 이 안을 온전하게 드러내고 싶기 때문이다.

하니 정아!
네가 아무리 때려 봐라!
내가 무뎌지나, 더 벼려지지!

짤따랗다 · 기다랗다

우도 서빈백사의 산호모래를 떠올리니 온 우주를 손 안에 품은 듯했다. 저 너머 지미봉과 산호 해변 사이 물빛은 누가 한 번 걸러다 그저 영롱하였다. 거짓말 같은 물빛에 홀려 하마터면 물속으로 걸어들어갈 뻔했다.
보이는 풍경은 천국인데 바람은 지옥문에서 쏟아져 나온 듯 사나웠다. 미친 지휘자의 손끝을 따라 수시로 방향을 바꾸는 바람에 흠씬 두들겨 맞고 반쯤 넋이 나갔다.
'바람에도 상해죄를 물어야 해' 투덜대며 제주 본섬으로 돌아왔다. 여전히 한기를 느끼며 잔뜩 움츠린 채 땅만 보며 걸어가는 길, 누군가 쳐다보는 시선이 느껴졌다.
언제부터였는지 백구 한 마리가 나를 바라보고 있었다. 담장에 두 발과 턱을 턱 올린 채 별다른 기색 없이 그저 담담한 표정과 그저께부터 쭉 그랬던 듯, 몹시 안정돼 보이는 자세로.
노상 이 거센 바람을 맞고 살았으리라 여기니 괜스레 딱한 마음이 들었다. 놀란 마음에 짖어도 봤을 테지만, 섬 바람은 분명 귓등으로 흘려 들었을 테지. 그 위세에 한풀 꺾인 듯 초연한 눈빛의 개는 '물끄러미'의 뜻을 일깨우려는 듯 미동도 없었다.
낮은 담장 가까이에 다가가니 좌우로 세차게 흔들리는 백구의 꼬리가 보였다. 까치발을 해 짤따란* 뒷다리를 기다랗게* 늘인 모습에서 비로소 반색을 느꼈다. 그리 애써 반가워 하는 모습이 사랑스러워 이마를 쓰다듬으니 백구는 그제야 입을 헤 벌렸다.

짧다 : 잇닿아 있는 공간이나 물체의 두 끝의 사이가 가깝다.
*짤따랗다 : 매우 짧거나 생각보다 짧다.
길다 : 잇닿아 있는 물체의 두 끝이 멀다.
*기다랗다 : 매우 길거나 생각보다 길다.

© 서귀포 성산항

유월 장마 때 어미를 잃고 동네 아이들이 던져 주는 문어맛 과자로 연명하던 한 달 된 고양이를 집에 데려와 거진 스무 해를 함께 살았다. 처절한 울음소리가 애달파 따순 우유라도 먹이려던 일이 그리 긴 동거로 이어줄 줄은 저도 나도 아무도 몰랐다.

함께 사는 동안 고양이에게 참 많은 것을 배웠다. 노상 빌어먹으면서 매양 당당한 눈빛과 자태는 봐도 봐도 놀라웠다. 같은 혀로 얼굴과 똥꼬를 닦는 기개, 나는 새를 잡고야 말겠다는 집념, 제아무리 비싼 캣타워도 마다하는 소신을 본받았다.

그중에서도 제일 닮고 싶은 대목은 건강 도서 제목 같은 '하루 30분 스트레칭'. 고양이는 하루에도 여러 번 잠드는데 깰 때마다 매번 뭉친 사지를 기다랗게* 뻗치어 있는 대로 늘린다.

요가의 고양이 자세 그대로 엉덩이를 들고 앞다리를 쫙 뻗은 채 어깨를 뒤로 밀거나, 등을 반원 모양으로 말아올리거나, 아예 꽈배기처럼 온 몸을 배배 꼰다. 종일 글 쓰다 허리병이 도져 침 맞으러 다닐 때면 일부러 더 많이 꼬는 것 같아 싸우기도 많이 싸웠다.

마음도 이따금 스트레칭을 하는지 고양이가 사무치게 보고 싶다. 그리움이 이리 길 줄 알았다면 그때 더 잘해 줄 걸. 아무래도 생각이 짧았다.

ⓒ 우리집 안방

얄찍하다 · 굵직하다

너른 들에 한 종의 풀을 심는 데가 많다. 한 가지 꽃으로 물든 들판은 사진 배경으로 근사하긴 하다. 한때는 코스모스, 국화, 해바라기, 유채 꽃밭이 흔하더니 최근에는 꽃잔디, 라벤더, 털쥐꼬리새(Pink Muhly)까지 다양하게 심는다.

숲 공부를 하며 단순림(單純林, 한 종의 나무로만 이루어진 숲)이 얼마나 위험한지 알았다. 단순림은 감염병이 돌면 숲 전체가 병들고, 종에 따라 산불 위험성도 높다.

가장 큰 문제는 생명 다양성이 부족하다는 점이다. 단일림은 거기 기대 사는 미생물과 곤충, 동물의 종도 단조롭다. 생태계의 기본 요소라 할 연결과 순환, 균형 모두 불안정할 수 밖에 없다.

부산 기장군의 아홉산숲에 갔다가 푸른 대숲에 소나무 한 그루 우뚝한 풍경 앞에 멈추어 섰다. 이름에 버젓이 나무를 달았지만, 나무가 아닌 대나무와 한민족이 가장 사랑하는 소나무가 함께하는 풍경은 생경하나 조화롭다.

대나무는 소나무에 비해 얄찍하고* 소나무는 대나무에 비해 굵직하다*. 대나무만 있는 숲이라면 그중 제일 굵직한 대나무가 따로 있었을 테지만 소나무 한 그루 함께하니 다 무의미하다.

건강한 숲은 잎이 돋아나는 때와 저무는 때, 꽃을 피우고 떨구는 시기, 세대를 잇는 방식이 저마다 다른 생명이 모여 사는 곳이다. 다양성이 사라진 숲은, 살아도 죽은 숲이다.

얇다 : 두께가 두껍지 아니하다.
*얄찍하다 : 얇은 듯하다.
굵다 : 물체의 지름이 보통의 길이를 넘어 길다.
*굵직하다 : 길쭉한 물건의 둘레가 꽤 크다.

메마르다 · 축축하다

한 해 동안 궁궐과 왕릉을 찾는 이는 대략 1,500만 명(2024년 11월 기준)에 달한다. 그중 1395년 조선 태조 때 지은 경복궁과 그로부터 10년 뒤 경복궁의 동쪽에 지은 이궁(離宮, 일종의 예비 궁궐), 창덕궁의 인기가 유독 높다.

궁궐은 임금이 사는 곳답게 나무 한 그루 허투루 심지 않는다. 임금이 대신들과 정치를 논하는 정전 앞에는 행여 왕을 해할 자객이 숨어들까 하여 아예 나무를 심지 않기도, 궁궐의 정문 안에는 여섯 정승을 상징하는 회화나무를 심는 등 전각과 문 앞의 나무 한 그루마다 다 뜻이 있다.

ⓒ 창덕궁 대조전

마르다 : 물기가 다 날아가서 없어지다.
*메마르다 : 땅에 물기가 없고 기름지지 아니하다.
젖다 : 물이 배어 축축하게 되다.
*축축하다 : 물기가 있어 젖은 듯하다.

경복궁의 서쪽, 가을을 맞이한다는 뜻의 영추문(迎秋門) 앞에는 화살나무가 자란다. 가지치기에 강해 늘상 마구잡이로 잘리던 나무인데 나무를 귀이 여기는 궁궐에서는 크디크게 잘도 자란다.

화살나무는 해마다 가을이면 붉디붉게 물들어 가히 가을이 드는 서문의 문지기라 할 만하다. 또 겨울이 되면 붉은 잎 다 떨구고 코르크가 발달한 가지를 뻗어 '함부로 들지 마라' 외치는 수문장 역할도 한다. 겉은 비록 메마른* 모습이나 그 결의만은 다부지고 차지다.

창덕궁의 중궁전, 대조전 뒤란 화계(花階, 층계형 꽃밭)에는 모란이 산다. 다산과 풍요를 상징하는 꽃이기에 중전이 혼례 때 입는 활옷에도 모란 자수가 찬란하다.

비 오는 여름날, 창덕궁에 갔다가 비에 젖은 모란을 마주했다. 왕, 곧 용이 드는 전각이라 애초에 용마루를 만들지 않았다는 대조전에 살며 왕가의 지엄한 규율에 지쳐갔을 중전을 떠올리니 분명 축축하게 젖은 모란인데 어찌 그리 메말라 보이던지.

삐뚤다·곧다

새끼손가락 걸며 변치 않는 사랑을 약속한 연인과 헤어진 후 스스로를 탓하며 필시 오늘밤은 삐뚤어지리라, 선언하는 지드래곤의 노래 '삐딱하게'의 첫 소절 노랫말은 이러하다.

영원한 건 절대 없어!

노래를 흥얼거리면서 뛰듯이 산 계단을 오르다가 저 멀리 두 손 맞잡고 한 계단 한 계단 느릿이 오르는 노부부의 모습에 흥얼거림과 발걸음을 동시에 주춤거렸다.
삼청공원에서 북악산으로 향하는 긴 계단 길, 차마 노부부를 앞지르지 못한 채 한참 뒤떨어져 덩달아 느릿하게 걸었다. 그리 천천히 걷다가 평소에는 못 보고 지나친 풍경을 마주했다. 한 생을 마치고 난간이 된 나무와 하필 난간 사이에 난 나무가 일정한 거리를 두고 서로를 지키는 풍경. 삐뚤게* 선 나무 따라 사선으로 기운 난간은 형상과 달리 곧은* 마음으로 만들었을 터.
어딘가 삐뚠 두 사람이 만나 서로의 빈 데를 메우고 과한 데를 지켜보는 마음이 합쳐지면 곧은 하나의 형상이 되는가. 앞선 노부부와 곁의 두 나무를 번갈아 바라보았다.

삐딱하다 : 물체가 한쪽으로 기울어져 있다. 마음이나 생각, 행동 따위가 바르지 못하고 조금 비뚤어져 있다.
*삐둘다 : 바르지 아니하고 한쪽으로 기울어지거나 쏠려 있다.
*곧다 : 조금도 비뚤어지지 아니하고 똑바르다. 마음이나 뜻이 흔들림 없이 바르다.

© 서울 삼청공원

어리다·오래다

아끼는 우리말을 따로 적어 두는 공책이 있다. 거기에 '어리다'도 있다. '눈에 눈물이 괴고, 빛이나 그림자, 모습 등이 희미하게 비치다'라는 뜻의 동사는 무지개빛이 뒤따르는 결이 고운 우리말이다.

그 말의 동음이의어, 나이가 적다고 할 때의 '어리다*'는 앞선 '어리다'와 달리 그리 아끼지 않았다. '아직 어리네, 어려서 뭘 잘 모르네'라는 말의 낌새가 마뜩찮았다. 그랬는데, 청춘이라는 단어와 멀어진 지 오래고* 보니 어린 사람을 보면 마음에 부러움과 그리움이 끼친다.

어쩌자고 어서 나이 들기를 바랐을까. 토마토도 아니면서 나이 들면 절로 성숙해지는 줄 알았던가, 어리석었던 스스로를 나무란다. 그땐 참 철이 없었구나, 뒤늦게 후회한다.

때로 할머니와 손주가 나란한 풍경을 보면 두 생의 간격에 아득해지곤 한다. 평생이 다섯 해인 아이와 그 십수 곱절을 산 할머니의 대화를 엿듣노라면 어딘지 정겹고 어쩐지 눈물겹다.

제 자식 키울 때는 먹고 살기에 바빠 미처 깨닫지 못한 아이의 예쁜 데를 다시 엄마로 살며 깨달았다는 나의 어머니도 손주를 바라보는 눈에서 꿀이 떨어진다. 피어나는 생기로 저물어가는 생에 활기를 불어넣고, 오랜 자의 여유로 서툰 생에 울타리가 되어 주는 일은 진정, 공정 거래다.

---

*어리다 : 나이가 적다. 동물이나 식물 따위가 난 지 얼마 안 되어 작고 여리다.
*오래다 : 때의 지나간 동안이 길다.

ⓒ 제주 전농로

ⓒ 경주 남산동

자잘하다·크나크다

사막에는
모래보다 더 많은 것이 있다
모래와 모래 사이다

이문재 시인의 <사막>이라는 시는 그래서 모래는 오래도록 사막에 산다는 선언으로 끝난다. 모래의 입장도 들어봐야 하건만 이 제삼자의 시선은 왜 이리 미덥기만 한지.
해 뜰 녘, 모래와 모래 사이를 비집고 어린 게 한 마리 올라오고, 그 곁에 자잘한* 조개껍질이 밀려나온다. 바닷새는 들썩인 모래밭을 꾹꾹 눌러 밟고, 어디선가 나타난 누렁이 한 마리 새떼를 쫓아 사방팔방 뛰어다닌다.
별안간 크나큰* 바다의 여파가 모래밭까지 밀려든다. 모래는 젖기만 할 뿐, 바닷물은 모래와 모래 사이로 스며 사라진다. 모래와 모래 사이가 모래를 구한다. 모래가 젖자 모래와 모래 사이는 더 밀착되어 모래밭은 보다 단단해진다.
비에 젖은 솔방울이 솔씨를 지키려 실편을 꼭 다물듯 모래밭은 굳게 뭉쳐 큰 바다에 맞선다. 이내 더 큰 파도 밀려온다. 줄기찬 밀물에 끝내 모래밭은 허물어지고 게와 조개껍질마저 죄 사라진다. 이제 됐다, 싶은 바다는 다시 잠잠해진다.

작다 : 길이, 넓이, 부피 따위가 비교 대상이나 보통보다 덜하다.
*자잘하다 : 여럿이 다 가늘거나 작다.
 크다 : 사람이나 사물의 외형의 길이, 넓이, 높이, 부피 따위가 보통 정도를 넘다.
*크나크다 : 사물이나 사건의 크기나 규모가 보통 정도를 훨씬 넘다.

© 제주 금능해변

없다·많다

그해 여름, 매미의 우화(羽化)를 지켜보았다. 어미가 내려놓은 땅에서 오래도록 수액으로 연명한 애벌레는 다시 지상으로 올라와 껍질을 벗는다. 이 허물을 두고 매미가 물러난 자리, 선퇴(蟬退)라 한다.

매미가 떠난 자리에는 허물만이 남는다. 허물은 쉴 새 없이 여름을 굴착하던 매미 소리, 그 뒤의 허무를 빈 속으로 감당한다. 낙엽보다 먼저 바스락댈 거면서 늘 숲의 가을을 부추긴다.

하필이면 귀룽나무 이파리에 매달린 선퇴를 보았다. 앞다리를 얼음 도끼 삼아 힘껏 내리꽂았지만, 견갑으로 뒤덮힌 몸뚱이가 매달린 곳은 빙벽 같은 줄기가 아니라 낭창낭창한 가지 끝, 바람 한 점에도 흩날리는 가늘한 이파리라니.

늦여름 숲의 텅 빈 풍경과 달리 초여름 사찰의 하늘은 소망으로 꽉 찼다. 온 하늘에 만사형통, 소원성취, 극락왕생의 꽃이 폈다. 큰 회화나무는 소망의 전령인 듯 허리께에 연등을 매달고 하늘 향해 나부낀다.

결국 생(生)은 선퇴 같은 빈몸으로 와서 노(老)와 병(病)을 거스르려 아등바등 발버둥치다 끝내 다시 빈몸으로 사(死)하는, 없음*으로 와서 많음*을 꿈꾸다 다시 없음으로 돌아가는 공수래공수거(空手來空手去)인가.

---

*없다 : 사람, 동물, 물체 따위가 따위, 어떤 사실이나 현상이 실제로 존재하지 않는 상태이다.
 있다 : 사람, 동물, 물체 따위, 어떤 사실이나 현상이 실제로 존재하는 상태이다.
*많다 : 수효나 분량, 정도 따위가 일정한 기준을 넘다.

ⓒ 귀룽나무 이파리

© 서울 조계사

3 풍경의 언어

눈부시고 아름다운 풍경을
한아름에 끌어안는 말은
그만큼 눈부시고 아름답다.
품은 너르되 결은 세세한
우리말 말맛의 풍경은
미식가만이 누리는 절경이다.

물씬하다
세차다
눈부시다
아롱지다
살풍경하다
스산하다
교교하다
적요하다

말문이 열리는 순간 · 찰나에 어린 우리말 형용사

물씬하다

처음 그 노랫말이 흘러나온 데가 다저녁 '가요무대'였는지 한낮의 '전국노래자랑'이었는지는 기억이 흐릿하다. '가물거리다, 스미다, 아롱 젖다, 섧다, 그리다' 등 눈물어린 노랫말의 뜻도 모른 채 마음이 아린 기억만은 또렷한데.

삼백년 원한 품은 노적봉 밑에
님 자취 완연하다 애달픈 정조

'목포의 눈물' 덕에 '완연하다'의 뜻을 처음 알았다. 망국의 한을 담은 노래인 줄도 모르고, 자취의 취 자가 냄새 취(臭) 자인 줄 알고 그 님이 지저분했으나, 쿰쿰한 추측을 했더랬다. 어느 봄, 진달래꽃이 만발한 목포 유달산에 올랐다가 어디선가 흘러나오는 '목포의 눈물'을 따라 부르는데 유달리 '완연하다'가 가슴 깊이 스미었다. 믿음은 바람의 실상이라는데 그 얼마나 보고프면 진작 떠난 님의 흔적이 완연하다 할까.
목 멘 얼굴로 봄이 완연한 길을 따라 목포를 떠나왔다. 완도 오일장에 들자마자 눈물 자리에 어느새 눈주름이 피었다. 좌판마다 새푸른 봄 기운이 물씬하다*. 쪽 찐 머리를 한 할머니의 좌판, 오종종한 나무색 대야에 생생한 제철 진달래와 고사리가 소복하다.
'오늘 아침에 마을 뒷산에서 딴 것들'이라는 산지 정보를 자식 자랑하듯 전하는 할머니의 볼이 봄꽃처럼 들뜬다. 고사리를 휘휘 쓸어 담는 그녀의 손길 따라 대야에 고인 봄내음이 우르르 일어난다. 진달래는 아니 사려냐며 꽃처럼 웃는 그녀의 얼굴에 여든번 째 봄 햇살이 비낀다.

완연(宛然)하다 : 눈에 보이는 것처럼 아주 뚜렷하다.
*물씬하다 : (기운이나 연기가) 매우 많이 피어나는 상태에 있다.
　(냄새가) 코를 찌르도록 아주 강하다.

ⓒ 완도오일장

ⓒ 옥천 금강휴게소

세 차 다

큰 태풍이 지나고 남해 가는 길, 금강휴게소에 들렀다. 휴게소 뒤편 가 보니 어찌된 일인지 녹색 조청이 흘러넘치고 있다. 며칠새 불어난 강물이 강가 옆 노점을 집어삼킬 듯 세차다*. 강물은 유유히 흘러오는 게 아니라 무섭게 육박해 오는 중이었다. 순간, 저 거센 강물이 밀려오는 세월인 듯만 같았다.

해가 바뀔 때마다 아픈 데가 는다. 오만 데를 빨빨거리며 돌아다녀서인지 발목뼈가 불거져 나왔고, 십수 년 글을 쓴 탓인지 건초염에 걸렸다. 치료 기간이 길어지자, 정형외과 담당의는 혹시 달리기를 좋아하는 피아니스트냐고 물었다.

나날이 늘어가는 병원 순례가 지겨워 운동을 시작했다. 한데 배드민턴을 치니 무릎이 시리고, 테니스를 배우니 팔꿈치가 떨린다. '운동을 안 하면 아프고, 하면 더 아프다'는 선배의 말에 아픈 무릎을 탁 쳤다.

어서 나이 들기를 바란 청년 시절을 지나니 세월은 뒤늦게 '그래, 소원대로 해 주마' 다짐한 듯 비 온 뒤 금강처럼 달려들었다. 그저 빠르기만 하면 다행이지, 세찬 눈보라 같은 온갖 고초를 휘몰고 왔다.

버티고 버티다 물결 같은 세월을 대하는 묘수를 찾았다. 억센 물살에 억척스럽게 맞서기보다 그 흐름에 몸을 맡기고 그 위를 파도타기 하는 수. 세월 앞에 천하장사 없다는데 장삼이사가 별 수 있나. 피할 길 없으니 즐기는 수밖에.

억세다 : 억척스럽고 세차다.
*세차다 : 기세나 형세 따위가 힘있고 억세다.

ⓒ 남원 대강면 생암리

눈부시다

인터뷰 기사 때문에 한 달에 한 번 꼴로 진주를 드나들 때가 있었다. 어린 시절 가족 여행 갔을 때는 논개가 왜병 안고 뛰어내린 의암만이 인상깊었는데, 너른 진주성과 도도한 남강의 물결이 새로 보였다.
현지인 소개로 진주시외버스터미널 건물 2층의 헌책방 '소문난서점'도 처음 가 보았다. 고서적으로 빼곡한 서가에서 주인장이 추천한 《뿌리 깊은 나무》 예닐곱 권을 사 택배로 부치고 한가롭게 터미널 주위를 맴돌았다.
조용한 고속버스 뒤편에서 통화를 하다가 과히 밝은 기운에 고개를 드니 백목련이 함박눈처럼 쏟아지고 있었다. 파란 하늘을 배경으로 지는 듯이 피어나는 눈송이 같은 꽃송이는 '눈부시다*'의 형상화 같았다.
그리 목련 꽃으로 남은 진주의 마지막 기억이 최근 갱신되었다. <어른 김장하>라는 다큐멘터리 덕분이다. 나날이 '좋다'와 '좋아하다'를 일치시키려 애쓰는데 이 어른은 그런 노고를 가벼이 덜어 준다.
"장하 밑에 살아난 사람이 얼마나 되는지 모를 낀데."
오랜 이웃의 증언처럼 그는 오만 사람을 돕고도 크게 내세우거나 떠들지 않는다. 입 큰 자들의 세상에서 조용히 말문을 닫고 넉넉히 곳간을 연다. 선한 마음과 소박한 일상이 비치는 그의 인상을 떠올리며 진주(晉州)는 정녕 진주(眞珠)처럼 눈부신 고장이로구나, 뒤늦게 기뻐한다.

아름답다 : 보이는 대상이나 음향, 목소리 따위가 균형과 조화를 이루어 눈과 귀에 즐거움과 만족을 줄 만하다. 하는 일이나 마음씨 따위가 훌륭하고 갸륵한 데가 있다.
황홀(恍惚)하다 : 눈이 부시어 어릿어릿할 정도로 찬란하거나 화려하다.
*눈부시다 : 빛이 아주 아름답고 황홀하다.

아롱지다

서른 넘어 수영을 배웠다. 단체 수업은 영 진도가 나가지 않아 일대일 수업을 따로 받았다. 한데 국가대표 출신 수영 강사가 칭찬한 수영 실력은 바다에서는 영 통하지 않았다.
바다 수영이 어려워지자 이번에는 파도타기를 배웠다. 파도에 올라타는 기분이 끝내주었다. 파도를 고르는 시간이 명상 같기도 해 좋았는데, 그만 보드에 머리를 제대로 맞은 뒤로는 겁이 났다.
바다에서 오래 놀 다른 궁리를 하다가 조카 따라 스노클링에 빠져들었다. 수영을 잘하지 못해도 되고 장비도 가벼워 딱이었다. 초면의 아열대성 어류나 낯익은 숭어, 문어, 자리돔 떼를 쫓는 재미가 쏠쏠했다.
이후 제주의 이름난 스노클링 명소를 애써 찾아다니다 '코발드빛보다 더 나은'이라는 뜻을 가졌다는 코난해변에 갔다. 소문대로 수심이 얕고 물빛이 기가 찼다.
먼 길을 갔는데 물때를 못 맞춰서인지 물고기가 도통 보이지 않았다. 자리를 옮겨 가며 잠수를 반복했지만 번번이 허탕을 쳤다. 하는 수 없이 물속 모래바닥을 보며 둥둥 떠다녔다. 어느 순간, 아른거리는 무늬가 보이기 시작했다.
물결 따라 일렁이는 해그림자는 분명 화려하지 않으면서도

아른거리다 : 잔무늬나 희미한 그림자 따위가 물결 지어 자꾸 움직이다.
아롱아롱하다 : 또렷하지 아니하고 흐리게 자꾸 아른거리다.
*아롱지다 : 아롱아롱한 점이나 무늬가 있다.

찬란했다. 시시각각 다른 모양으로 아롱지는* 빛을 보며 '한시도 같은 순간은 없다'는 만고의 진리를 실감했다.

나무는 그림자가 멋지다. 숲에 들면 나무만큼이나 나무 그림자를 자주 바라본다. 지상의 나무 한 그루, 지면의 나무 한 그루가 이어진 풍경을 눈으로 쫓으면 그 나무를 키운 듯 괜히 뿌듯해진다.
오랜 벗과 함께 거닌 통도사에서도 멋진 나무 그림자를 마주했다. 송광사, 해인사와 함께 한국의 3대 사찰로 꼽히는 절답게 위용이 대단한 통도사는 쉬엄쉬엄 구경해도 두어 시간이 훌쩍 흐른다.
해질녘, 부러 천변 길로 돌아오는데 발끝마다 나무 그림자가 너울거린다. '왜 죄 지은 자가 벌 받지 아니할까' 갑갑한 물음에 '업보에 시차는 있어도 오차는 없다'는 친구의 응답이 풍경 소리 사이로 아롱졌다.

© 제주 코난해변

© 양산 통도사

살풍경하다

차라리 죽여라!

마구잡이로 가지치기 당한 나무를 올려보면 때로 나무의 비명소리가 들린다.
나무의 잎과 꽃은 줄기나 가지에서 불끈 솟아나는 게 아니라 겨울눈에서 피어난다. 겨울눈은 봄에 생겨나 그해 겨울을 지나 이듬해 봄까지 잎과 꽃을 보듬어 키운다.
미용실에서 손상된 머리칼을 자르고 지나친 숱을 솎아내듯 나무의 가지치기도 세심히 해야 한다. 엇나가거나 웃자란 가지를 다듬어 나무의 생장을 돕는 일이 가지치기의 바른 목적인데 '에라, 모르겠다' 식으로 사지 다 다르고 목까지 베어 버리니 이를 어쩌면 좋을까.
대관절 더운 해 가리고, 큰 비 막아 준 나무가 무슨 죄를 지었길래 길마다 참수 당한 나무 천지인가. 닥치는 대로 아무 가지나 마구 자르는 일은 정수리에 감아올린 상투째 머리카락을 자르는 일과 차원이 다르다.
나무가 공들여 키운 미래, 겨울눈은 잘린 가지에 매달린 채 생을 마감한다. 그 안의 잎과 꽃도 함께 말라 죽는다. 비상 상황을 감지한 나무는 급한 대로 줄기에서 바로 거친 잎을 틔우며 힘겹게 생을 도모한다.
광기 어린 칼춤이 휘몰아친 도심의 풍경을 볼 때마다 참혹해진다. 집으로 돌아오는 길, 마을 어귀에서도 형 집행이 있었나 보다. 잘 자라던 벗나무, 하룻새 전봇대가 되었다. 살기 좋은 도시인지 살기(殺氣) 어린 도시인지, 참으로 살풍경하다*.

---

*살풍경(殺風景)하다 : 풍경이 보잘것없이 메마르고 스산하다. 매몰차고 흥취가 없다. 광경이 살기를 띠고 있다.

ⓒ 서울 종로 삼일대로

스산하다

스치는 바람결에 흩어진 마음결
산산이 깨진 꿈결에 허물어지네
하루가 억겁인 양 더디 흐르니
다저녁 까마귀가 반가울 줄이야

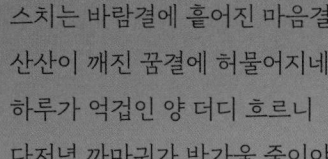

어수선하다 : 마음이나 분위기가 안정되지 못하여 불안하고 산란하다.
쓸쓸하다 : 외롭고 적적하다.
*스산하다 : 몹시 어수선하고 쓸쓸하다. 마음이 가라앉지 아니하고 뒤숭숭하다.

교교하다

달빛이 얼마나 환한지, 그 아래 걸어 보면 안다. 달빛 아래에 서는 죽정이는 사라지고 고갱이만 남는다.

경주 남산에 빠져든 때, 서남산과 동남산, 삼릉골까지 다 걷고 이번에는 달빛 기행에 참여했다. 내내 달빛의 밝기를 의심하는데 길잡이를 맡은 경주남산연구소 김구석 소장은 그저 태평하다.

산속에 들자 삽시에 눈앞이 캄캄해진다. 서서히 어둠에 익숙해지니 비로소 한 치 앞이 보인다. 은은한 달빛은 금세 외할머니 품처럼 푸근해진다. 한 발 한 발 조심히 디뎌 금오봉에 닿으니 산 높이만큼 가까워진 보름달이 가슴에 가득 들어차는 듯하다.

경주 남산에서의 추억을 되새기며 강화에서도 달빛 기행에 들었다. 숲길의 초입은 다른 차원으로 이어지는 통로처럼 검디검다. 막상 어두운 숲길에 익숙해지자 이번에는 온갖 상념이 스물스물 올라온다.

산책의 취지대로 깊은 내면에 사는 도깨비와 마주했다. 애써 외면하던 외로움과 두려움, 우울감과 불안감이 달빛 아래서야 모습을 드러낸다. 어쩐 일인지 그리 싫지 않은 도깨비와 같이 놀아 볼까 싶어진다.

강렬한 햇빛처럼 '다 잘 되리라' 응원하기보다 '서서히 나아지리라' 기원하는 교교한* 달빛 덕분에.

*교교(皎皎)하다 : 달이 썩 맑고 밝다. 썩 희고 깨끗하다. 매우 조용하다.

ⓒ 경주 남산

적요하다

북촌 한옥마을에 살던 때, 한복 대여점이 늘어나면서 자주 찾던 카페와 식당과 옷집도 하나둘 기념품 가게, 즉석 사진관, 화장품점으로 바뀌어 갔다. 낮이면 평일, 주말 할 것 없이 시끌벅적한 동네는 다행히 해가 지면 모두 떠난 사극 촬영장인 양 마냥 조용했다.

야근하고 자정 넘어 안국역에서 북촌 집으로 걸어가는 길, 윤보선고택 앞을 지날 때쯤에는 온 세상에 나만 남은 듯 고요했다. 인기척은 고사하고 바람 소리조차 들리지 않았다. 그리 적막한 길을 따라 걷는데 고개 너머 정독도서관 쪽에서 느닷없이 말발굽 소리가 들렸다.

소리는 내 쪽에 가까워질수록 점점 커지다가 나를 스치고 지나면서 서서히 줄어들었다. '귀신이다!' 깨닫자마자 냅다 달렸지만 집으로 가는 길은 개똥 피하려다 밟은 소똥인 양 더 어둡고 고요했다.

다음날 아침, 어젯밤 저승사자와 마주쳤는데 야근한 직장인을 데려가기는 좀 그랬는지 그냥 돌아간 것 같다고 하자 엄마는 '저승사자가 말 타고 다닌다니?' 하며 타박했다.

며칠 뒤, 막 자려고 누웠는데 창밖에서 아주 미세한 소리가 들렸다. 사실 아무 소리도 안 들렸다고 해야 맞는 소리였다. 그저 무언가 소리가 들리는 듯한 기운이 느껴졌다.

적적(寂寂)하다 : 조용하고 쓸쓸하다. 하는 일 없이 심심하다.
고요하다 : 조용하고 잠잠하다. 모습이나 마음 따위가 조용하고 평화롭다.
*적요(寂寥)하다 : 적적하고 고요하다.

설마 저승사자가 집까지 찾아왔나, 엄마 말 듣고 이번에는 걸어왔나, 하면서 차마 대문은 못 열고 살며시 옥상 문을 열었다. 그 미세한 소리는 역시나 저승사자의 도포 자락 여미는 소리!가 아니라 눈이 내리고 쌓이는 소리, 눈의 기척이었다. 검은 지붕에 하얀 눈이 이불인 양 곱게 내려앉은 풍경은 무덤 위의 죽은 새처럼 고요에 적막을 더한 풍경이었다.

적요하네!

순간, 태어나 한 번도 입밖에 내본 적 없는 단어가 툭 튀어나왔다. 영화 '은교'의 주인공 이름이 적요였던가. 극중 노시인은 제자의 문학상 수상 축사에서 미국 시인, 시어도어 로스케(Theodore Roethke)의 말을 인용한다.

너의 젊음이 너의 노력으로 받은 상이 아니듯
나의 늙음도 나의 잘못으로 받은 벌이 아니다.

적요를 이루는 한자는 고요할 적(寂), 텅 빌 요(寥)이다. 한적한 곳에 홀로 사는 노년의 삶은 깊은 겨울밤에 눈 내린 시골 마을, 문밖에 저승사자가 기다리는 문안 무덤 같았겠구나. 뒤늦게 적요의 참뜻을 깨닫는다.

ⓒ 서울 북촌 한옥마을

4

감정의 언어

거미줄처럼 세세한 마음,
좋아요, 슬퍼요, 화나요!
대충 얼버무린 말보다
그 뒷배와 앞태를 살펴
마땅한 언어에 담아
온전히 전하옵기를.

안 되다
고달프다
애끓다
노엽다
덧없다
미덥다
즐겁다
고맙다

안 되다

선운사 다녀오는 길, 청보리밭에 들렀다. 이랑도 없이 300만 평이 넘는 그저 새파란 들은 태어나 처음 보았다. 희한한 공간감에 얼떨해 하다가 그 푸른빛에 물들려는 듯 온 밭을 누볐다.

두어 시간쯤 지났을까. 어쩌다 멈춘 자리의 보리 한 줄기가 유독 눈에 띄었다. 제때 수확하지 못해 비쩍 곯았는지, 저 홀로 시들음병에 걸렸는지 청보리가 아니라 흑보리라 해야 할 만한 검은 보리였다. 사람으로 치면 깊은 병색으로 얼굴이 영 안된* 모습이었다.

딱한 보리를 바라보다 '행운이 그러하듯 불운도 공평하지 않다'는 진리를 절감했다. 살다 보면 예기치 못한 행불행이 따르기도 하는데, 행운은 상처럼 불행은 벌처럼 여기기 쉽다. 불운과 맞닥뜨리면 '왜 내게 이런 일이' 좌절하고 자책하다 무릎이 꺾이곤 한다.

불운을 이기는 힘은 저마다의 몫, 바라보는 이는 그저 그 힘에 한 겹의 소망을 더할 뿐이다. 홀로 검어진 보리를 위해 '새 생은 부디 푸르기를' 기원하듯.

안되다[1] : 일, 현상, 물건 따위가 좋게 이루어지지 않다. 일정한 수준이나 정도에 이르지 못하다.
*안되다[2] : 섭섭하거나 가여워 마음이 언짢다. 근심이나 병 따위로 얼굴이 많이 상하다.

ⓒ 고창 청보리밭

고달프다

주엽나무 가시를 처음 마주했을 때, 눈을 찌를 듯 예리하게 돋은 가시 무더기에 놀라 뒷걸음질쳤다. 온 사방으로 마구 뻗친 주엽나무 가시를 보노라니 분명 저것을 이어 예수의 가시면류관을 만들었을 성 싶었다.

아무리 봐도 놀랍긴 하지만, 주엽나무의 절박한 사정을 영 이해 못할 바도 아니다. 한자리에 붙박인 나무는 날개나 다리 달린 동물처럼 포식자에게서 도망칠 수 없다. 산 채로 잡아먹힐 위기의 나무는 초식동물이 꺼리는 향과 맛으로 살 길을 도모하곤 한다.

그도 부족하면 나무껍질과 나뭇가지, 잎이나 턱잎(잎자루 아래 나는 한쌍의 작은 잎)을 가시로 만든다. 탱자나무나 주엽나무 말고도 주변에 흔한 대추나무, 아까시나무, 장미도 모두 가시를 방패로 삼는다.

산초나무도 그중 하나다. 자연휴양림으로 이름난 붉은오름 맞은편, 구두리오름에서 쳇망오름으로 이어지는 조붓한 산길에서 아주 큰 산초나무를 만났다. 날카로운 끝부분이 부러져 초식공룡의 골판처럼 뭉툭해진 가시를 살며시 만져 보았다. 가시를 감싸쥔 채 여린 턱잎을 창으로 제련하느라 고달팠을* 긴 세월을 가늠했다.

'폭싹 속았수다'라는 명작 드라마는 소문대로 울 자리가 많았다. 이땅의 딸과 엄마와 할머니의 고단한 생을 두루 비추어 방심한 시청자의 눈두덩이를 부풀게 했다.

힘들다 : 힘이 쓰이는 면이 있다. 어렵거나 곤란하다.
고단하다 : 일이 몹시 피곤할 정도로 힘들다. 처지가 좋지 못해 몹시 힘들다.
*고달프다 : 몸이나 처지가 몹시 고단하다.

ⓒ 덕수궁 함녕전

열 살 된 딸(애순)을 두고 떠날 것을 예감한 스물아홉 살 엄마(광례)는 시어머니(춘옥)을 찾아가 애끊는 청을 한다. 먼 훗날, 어미도 없는데 주변머리까지 없는 애순이가 고달파 하면 딱 한 번만 살려 달라고 간곡히 부탁하고는 초로의 시어머니 곁에 두고 저 홀로 영정 사진을 찍는다.

뭐가 고달파?
왜? 뭐가 고달파? 정 안 되겠어?
뭐 고달파? 고달프지, 왜 안 고달파.
니 속 내가 안다. 내가 다 안다.

엄마의 예언대로 사는 게 너무 고달파 기껏 할머니를 찾아와 놓고는 눈물만 뚝뚝 흘리며 아무말 못하는 애순에게 광례의 마지막 부탁을 기억하는 춘옥은 '고달프냐? 무에가 고달프냐' 연신 묻는다. 자신처럼 자식을 잃은 애순의 닳아 헤진 속을 여미어 보듬어 준다.
힘듦이 길어지면 힘겨움, 그 힘겨움을 이겨내면 고단함, 그 고단함이 일상의 밑바탕에 깔리면 고달픔이 되는가. 나무가 제 줄기에 가시를 돋치는 일, 자식을 묻은 가슴 어디께가 이 시러신 채 살아가는 일 모두 고달프나.
고(苦)로 가득한 인생이지만 그 고달픈 마음 알아주는 이 한 명만 있어도 또 살 만해지니 '살면 살아진다', 똑똑한 광례의 말이 똑 맞다.

애끓다

아, 어찌 잊으랴. 개나리 보러 경희궁 가다 사고 소식을 들은 그날을. 다행히 전원 구조되었다는 속보를 믿었던 그날을. 개나리는 왜 씨앗 보기가 힘든가, 개나리 꽃술은 왜 너무 길거나 짧은가, 하며 노란 꽃에 확대경을 들이대고 온종일 개나리를 관찰했다. 해질 무렵 집에 돌아와 뉴스를 보고서야 뒤늦게 가슴이 철렁 내려앉았다.

그날 이후 몇 달을 무기력하게 보냈다. 다시 궁에 갔을 때 개나리꽃은 진작 다 졌다. 하늘에 떠 있어야 할 별이 왜 땅에 있는가. 바닥에 흩어진 채 짓물러진 꽃을 매만지니 애가 녹는 듯하다.

어쩌자고 하나뿐인 애는 이리 툭하면 녹고 끊어지는가. 닳고 닳다 끝내 다 타버렸는데 어이하여 독수리가 쪼아 먹은 간처럼 밤새 다시 자라는가. 프로메테우스에게 불을 선물 받은 죄로 인간은 영원히 애끓는* 형벌을 받아야만 하는가.

애처롭다 : 가엾고 불쌍하여 마음이 슬프다.
애달프다(애닳다·애닲다·애닯다) : 마음이 안타깝거나 쓰라리다. 애처롭고 쓸쓸하다.
*애끓다(애타다) : 몹시 속이 답답하거나 안타까워 속이 끓는 듯하다.
애틋하다 : 섭섭하고 안타까워 애가 타는 듯하다.
애끊다 : 몹시 슬퍼서 창자가 끊어지는 듯하다.

노엽다

2024년 12월 4일, 그날 밤은 쉬이 잠들지 못했다. 전날 초저녁에 잠든 일이 후회스러워 더 그랬다.
종일 들리는 속보가 다 가짜뉴스만 같았다. 아무리 채널을 돌려 봐도 막힌 미로처럼 모든 방송에서 같은 소식을 전하는 모습을 보고서야 가상현실이 아님을 받아들였다.
그저 노엽고 생각할수록 더 노여웠다. 계엄 치하라면 만나지 못했을지도 모를 이를 만나러 가는 길, 지하철 승강장 매점 앞에 모처럼 조간신문이 잔뜩 쌓였다.
1면 주요 뉴스는 죄 '개엄한' 계엄 소식이다. 대문짝만 한 그의 얼굴을 보며 한숨 끝에 혀를 차고 한숨 끝에 땅을 찼다.

ⓒ 서울 지하철 가판대

분하다 : 억울한 일을 당하여 화나고 원통하다.
섭섭하다 : 기대에 어그러져 불만스럽거나 못마땅하다.
*노엽다 : 화가 날 만큼 분하고 섭섭하다.

ⓒ 하동 악양면 정서리

잠이 안 온다
내일 아침 먹고
따지러 가야겠다

화가 날 때면 속으로 따라 부르는 '이웃집 순이'의 후렴구도 마음을 다스리는 데 별로 도움이 되지 않았다. 오래 살려면 찬 기운은 위로 올리고 뜨거운 기운은 아래로 내려야 한다(水昇火降)는 동네 한의사의 당부를 되새겨도 여전히 머리가 뜨거웠다.
노기와 열기를 빼겠다며 한겨울에 온 집안 창문을 여느라 왔다갔다하다가 베란다에 둔 잡동사니 상자에 발이 걸리고 말았다. 그 바람에 상자 맨 위에 있던 오래된 사진 몇 장이 쏟아졌다. 무심코 집어든 사진 속 그날의 기억이 이 시국에 기똥차게 어울려 피식 웃고 말았다.

논 한가운데 자줏빛 마고자를 입은 허수아비 모습이 재미나 사진 찍기에 열중하는데, 갑자기 허수아비 아래에서 무언가 움직이기 시작했다. 들, 들, 들짐승인가.

조심히 뒤로 물러나니 짐승은 점점 더 빠르게 다가왔다. SF 영화 속 미지의 생명체가 인간을 공격할 때처럼 빽빽한 논에 좁은 길을 내며 순식간에 눈앞에 당도했다. '으아악!'

비명과 함께 마주한 생명체는 멧돼지가 아니라 할머니였다. 키가 다 자란 벼만 한 할머니는 그토록 큰 비명소리를 못 들었는지 놀란 기색 하나 없이 오른손에 든 낫을 세차게 올렸다 내렸다 하며 재게 걸어갔다.

허리가 낫처럼 휠 때까지 하늘보다 땅 보고 산 세월이 길었을 농부이자 제 밥 덜어 자식 배 불렸을 어미의 삶, 고단해도 성실했을 사진 속 그녀의 일생을 떠올리니 그의 잘못이 더욱 크고 명백해졌다.

하니 그에게는 광란, 마비, 부정, 허위, 거짓, 불의, 위헌, 폭거, 망국까지 비상계엄령 담화문에 등장하는 처참한 단어 모두 자신의 소행임을 깨닫는 자각의 종신형이 마땅하리라.

덧없다

2000년대 들어 원도심의 위세가 급변한 중소 도시가 많다. 제주시도 그중 하나다. 한때 제주 상업의 중심지였던 칠성통의 활기도 예전만 못하다.

다소 썰렁해도 낡은 건물과 골목 사이, 오랜 이야기가 스민 동네를 좋아해 지금도 제주에 가면 원도심 지역에 숙소를 잡고 그 주변을 걸어다닌다. 얼마 전에는 관덕정에서 탑동광장 쪽으로 걷다가 잘 자란 담쟁이를 발견했다.

건물은 진작 폐쇄되었는지 곳곳의 유리가 깨지고, 입구는 거대한 쇠사슬로 잠가 두었다. 인간이 사라지면 자연이 융성해진다더니 인적 없는 건물 주위로 초목이 무성하다.

폐허를 거닐다 곧 건물 끝에 닿을 듯한 담쟁이를 올려다보았다. 저 담쟁이 얼마나 더 살아갈까, 헛헛한 예감에 발길이 무거웠다.

'덧'은 퍽 짧은 시간을 이르니 '덧없다*'는 그 시간조차 없다는 뜻이리라. 이토록 생생한 생인데, 죽음 앞의 생은 어찌 이리 무상한가. 라틴어 경구, 메멘토 모리(Memento Mori)를 자꾸 잊고 산다. '죽음을 기억하라'는 그 덧없고 더없는 말을.

헛되다 : 아무 보람이나 실속이 없다. 허황하며 믿을 수가 없다.
허전하다 : 무엇을 잃거나 의지할 곳이 없어진 것같이 서운한 느낌이 있다.
*덧없다 : 알지 못하는 가운데 지나가는 시간이 매우 빠르다. 보람이나 쓸모가 없어 헛되고 허전하다.

ⓒ 제주 일도일동

미덥다

이촌역 맞은편, 큰길가에 버젓한 국립한글박물관은 바로 옆 국립중앙박물관에 비하면 덜 알려졌다. 한글을 주제로 한 수준 높은 전시를 보러, 갖가지 국어사전을 구비한 한글도서관에 글 쓰러 자주 가는데 갈 적마다 한산한 풍경은 어쩐지 좋으면서 섭섭하다.

때로 글을 쓰다가 산책 삼아 한글박물관과 오붓한 숲길로 이어지는 용산가족공원을 걷는다. 계절마다 다른 호숫가 풍경이 유달리 아름다운 공원에는 상징물 같은 조각이 여럿이다. 그중 가장 좋아하는 철제 작품 '오늘(Present)'은 애써 들러 살피는 작품이다. 인간과 자연의 공존을 주제로 대나무와 철을 소재로 한 거인 연작을 만드는 공공 설치 미술가, 최평곤 작가의 작품이다.

작가의 의도가 통했는지 해마다 까치가 거인의 아래턱 안에 둥지를 새로 만든다. 까치가 보기에 거인은 참 미더운* 존재였을 테다. 비록 그늘은 성글지만 큰 바람에도 쉬이 무너지지 않을 대나무 거인은 까치에게 글 쓰는 이의 한글박물관인가.

믿다 : 그렇게 될 것이라고 생각하고 그렇다고 여기다. 기대를 저버리지 않을 것이라고 여기다. 받들고 따르다
믿음직하다 : 매우 믿을 만하다.
믿음직스럽다 : 믿음직한 데가 있다.
*미덥다(미쁘다) : 믿음성이 있다.

ⓒ 서울 용산가족공원

즐겁다

마냥 즐겁던* 때가 언제였던가. 보유 주식의 주가가 오르면 슬며시 입꼬리가 올라가기도, 부질없이 유튜브 영상을 보며 낄낄대기도 하지만 온전히 즐거웠던 기억은 아무리 헤집어도 영 떠오르지 않는다.

이른 봄, 송광사에서 갓난 나무 이파리의 연한 푸른빛에 반하고, 제철 봄나물로 간간히 무친 발우공양을 다 먹고도 마냥 즐겁지만은 않았다. 고군산군도의 선유도해변에서 맑은 물결에 발 담그고 모래밭 조개 구멍을 들여다볼 때도 그러했다.

신록에 반하는 동시에 '저 빛 곧 다 사라지겠지' 미리 슬퍼했고 '해지기 전에 나서야 할 텐데' 언제 출발해야 서울 가는 길이 덜 막힐지 셈하느라 눈앞의 순간에 집중하지 못했다.

잡으면 이내 사라질 텐데 두 아이는 비누방울에 어린 햇살처럼 환하게 웃으며 두 볼이 붉어지도록 뛰고 구른다. 생전 처음 만난 두 아이가 비누방울 하나로 하나가 되는 모습이 곧 즐거움의 실체다.

두 아이는 온몸으로, 지금 행복하면 영영 행복하니 즐거움의 원천은 '지금, 여기'에 있다고 알린다. 어제의 꾸지람을 원망하고 내일의 숙제를 걱정하지 않을 때, 눈앞의 비눗방울이 세상의 전부일 때, 비로소 즐겁다고.

흐뭇하다 : 마음에 흡족하여 매우 만족스럽다.
흡족하다 : 조금도 모자람이 없을 정도로 넉넉하여 만족하다.
기쁘다 : 욕구가 충족되어 마음이 흐뭇하고 흡족하다.
*즐겁다 : 마음에 거슬림이 없이 흐뭇하고 기쁘다.

ⓒ 고양 서오릉

고맙다

정작 슬플 때는 아니 울다가 때로 선의를 마주할 때면 눈물이 난다. 추돌 사고로 전복된 자동차를 보고 망설임 없이 달려가 엄마와 아기를 구하고 유유히 사라지는 행인들, 빨간불에 횡단보도를 건너는 위태로운 시각장애인을 안전하게 보위하는 청년을 보면 난데없이 울컥한다.

남산에서는 공사 가림막을 보고 그랬다. 소나무 가지가 뻗친 방향으로 창을 낸 모습을 보자 눈물이 핑 돌았다. 간판 가린다고, 열매 냄새 난다고 여차하면 베어내는 나무인데, 살 길 터 주는 그 마음 참 곱고도 고맙다*.

제주 애월읍 납읍리 난대림은 두루 고마운 풍경으로 가득하다. 천연기념물로 지정된 거대한 상록수림은 기묘한 공간감을 가진 곳이다. 검은 지상에는 마삭줄, 후추등, 송악 같은 덩굴식물과 콩짜개덩굴, 고사리, 관중 같은 양치식물이 자라고, 높은 하늘에는 후박나무, 종가시나무, 생달나무, 참식나무 같은 큰키나무가 하늘을 가려 숲의 한가운데는 진공 상태의 구처럼 텅 비어 있다.

*고맙다 : 남이 베풀어 준 호의나 도움 따위에 대하여 마음이 흐뭇하고 즐겁다.
 감사하다 : 고맙게 여기다.

두 팔을 위로 뻗어 좌우로 흔들며 노래에 호응하는 관객처럼 숲의 천장을 이루는 키 큰 상록수는 바람 따라 이리 저리 휘청 댄다. 바람이 잦아들면 사위도 고요해진다. 문득 하늘을 올려다보면 무수한 이파리가 맞닿아 있어야 할 부분에 칼로 자른 듯 일정하고 선명한 틈 사이로 시린 빛이 파고든다. 큰키나무가 최상부에서 일정한 거리를 유지하는 현상을 두고 수관기피(樹冠 忌避), 크라운 샤이니스(Crown Shyness)라 한다. 나무는 수줍거나 꺼려져서 그러는 게 아닐 텐데 사람이 붙인 이름은 그러하다.

바람과 빛 같은 자연 자원을 고루 나누어 쓰고, 서로 부딪혀 다치는 일을 막으려 거리 두기를 하는 나무는, 다른 나무의 잎을 감지하면 그쪽으로는 잎을 틔우지 않는다.

아무리 잘나도 저 혼자 살 수 없음을, 숲은 나무로 이뤄지고 나무는 숲을 이뤄야 한다는 사실을 나무는 잘 안다. 해서 오늘도 온 숲 깊숙이 고마운 빛이 스미도록 모두의 안녕을 위한 거리를 지킨다.

© 서울 남산공원

ⓒ제주난음리 난대림

5

태도의 언어

마음이 곧거나 기울면
태도도 그리 되어 가듯
대담하고 느긋한 태도는
이르는 말도 꼭 그와 같다.
'떳떳'은 생김부터 당당하고
'다정'은 여운까지 보드랍다.

지긋하다
빈틈없다
다부지다
떳떳하다
오롯하다
대담하다
다정하다
느긋하다

말문이 열리는 순간 ● 찰나에 어린 우리말 형용사

지긋하다

경포호 근처 사는 지인의 집에 며칠 묵었다가 강릉에 홀딱 반했다. 바다와 석호, 커피와 두부처럼 어울리지 않을 듯한데 잘 어우러지는 모습이 낯설고 멋졌다.

세 번째 방문 때, 강릉 토박이가 알려 준 중앙시장의 소머리국밥 먹으러 가려다 관광객답게 길을 잘못 들어 어물전으로 갔다. 금낭화인 양 네 개씩 가른 여덟 개의 다리가 단정한, 통째 삶은 문어에 시선을 앗겼다.

지역마다 제사상에 올리는 음식은 예로부터 조금씩 다르다. 전라도 지역에서는 홍어를, 제주에서는 삶은 돼지고기와 옥돔을 올리는 줄은 알았는데 제사용 문어는 처음 보았다. 비늘 없는 생선은 제사상에 올리지 않는다는 법도와 달리 동해 일대에서는 문어를 제사상에 올린다.

문어는 먹물을 품었다는 이유로 글을 아는 물고기라 여겨 이름에 글월 문(文) 자를 품었다는데 실제로도 지능이 높은 물고기다. 이 모두를 알아차린 지혜로운 옛 사람은 두루 아울러 그 이름을 지었던가.

ⓒ 강릉 중앙시장

5장 ∘ 태도의 언어

'나의 문어 선생님'이라는 인기 다큐멘터에서 낯선 인간과 소통하며 마침내 우정을 나누는 문어를 본 뒤로 차마 문어를 먹을 수 없었다. 작품 속 문어는 지능 지수뿐 아니라 정서 지수까지 뛰어나 '문어는 거울 속 자신을 인식한다'는 믿기 힘든 말을 믿게 했다.

금방이라도 먹물을 내뿜을 듯 검은 자국이 뚜렷한 먹물선, 여전히 흡착력이 대단할 듯한 빨판, 부위에 따라 자연스럽게 밝아지고 짙어지는 홍갈색 머리까지 죽은 문어는 너무나 아름다운 사체였다. 그렇게 산 문어와는 또 다른 죽은 문어의 자태에 잠시 넋을 앗겼다.

둥근 채반에 올려놓은 문어 한 마리, 위아래 나란한 네모 채반에 올려놓은 두 개의 문어 다리를 번갈아 보다가 문득 몇 달 동안 공들였으나 한순간에 허물어진 일이 떠올랐다. 생명의 일변도, 사건의 양면성 같은 멋진 어구를 떠올렸건만 막상 입에서 쏟아진 말은 참으로 허름하였다.

지긋하다*와
지긋지긋하다는
어찌 이리 다른가.

끈지다 : 오래 버티어 가는 끈기가 있다.
듬직하다 : 사람됨이 믿음성 있게 묵직하다.
*지긋하다 : 참을성 있게 끈지다. 나이가 비교적 많아 듬직하다.
지긋지긋하다 : 진저리가 나도록 몹시 싫고 지겹다.
지겹다 : 넌더리가 날 정도로 지루하고 싫다.

ⓒ 강릉 중앙시장

빈틈없다

몇 해 전 앙코르 유적에 다녀왔다. 앙코르 왕조가 크메르 제국(802-1431년)의 수도에 지은 이 황홀한 유적은 수백 년간 밀림에 가려져 있다가 18세기 들어서야 발견된 캄보디아 최초의 세계문화유산이다.

오랜 유적지에는 수십 미터 높이의 큰키나무가 아무데나 흔하다. 문둥왕 테라스(Terrace of the Leper King) 앞의 족히 20미터는 될 듯한 나무는 한참을 물러나야 겨우 우듬지가 보인다. 나무를 보다 보니 묻고 싶은 바가 많은데 주변에 아무도 없어 홀로 자문자답했다.

- 어떻게 저 높은 꼭대기까지 물이 올라가죠? 삼투압 원리나 물의 응집력이 아무리 대단하대도 어떻게 그게 가능할까요?
- 왜냐면 그건 신이 행한 일이니까요.

널리 알려진 앙코르 와트(Ankor Wat) 사원보다 타 프롬(Ta Phrom) 사원이 의외로 인상깊었다. 캄보디아 정부는 사원의 담장을 무너뜨리는 스펑나무(Spung Tree)를 그냥 내버려둔다는 말을 들었을 때는 참 대책 없어 보였는데, 사원을 한 바퀴 돌고 나니 유적과 자연의 공존을 위해 이보다 물샐틈없는 정책이 있을까 싶어졌다.

ⓒ 캄보디아 시엠립 타 프롬 사원

육중한 벽돌에 짓눌려 나무줄기가 오그라들어도, 돌담이 나무줄기에 들려 뒤죽박죽된 채 박빙의 승부를 펼쳐도 누구 하나 나무를 베어 없애지 않는다. 시간의 풍화조차 유적의 일부라 여기는 그들과 다시 자문문답을 이어갔다.

-저 나무가 아름다운 사원을 무너뜨리겠어요.
-괜찮습니다.
-겨우 찾은 유산이 다시 정글에 파묻힐지도 몰라요.
-괜찮습니다.
-어쩌면 그렇게 초연하죠?
-인간의 업적은 신의 범사를 이길 수 없습니다.

타 프롬 사원에서처럼 무등산에서도 빈틈없는* 풍경을 마주했다. 한여름 산에 오르니 더위와 열기가 대단했다. 공감 능력은 떨어지지만 산행 능력만은 뛰어난 동행의 조언을 따라 발끝에 집중하며 천천히 오르다 보니 발 아래 바위 모양이 재미나 보이기 시작했다.
하마터면 빈틈없이 얼굴을 맞대고 입맞춤하는 연인을 밟을 뻔했다며 호들갑을 떨자, 앞서 걷던 동행도 궁금했던지 산길을 도로 내려왔다.
"연인이 어딨어? 트라케라톱스밖에 안 보이는데!"
그렇다. 부처 눈에는 부처만 보인다.

*빈틈없다 : 허술하거나 부족함이 없다.
　물샐틈없다 : 물을 부어도 샐 틈이 없다. 조금도 빈틈이 없다.

ⓒ 광주 무등산

다부지다

-이모, 세종대왕이 만든 우유가 뭐게?
-글쎄?
-아야어여우유!

내복 위에 엘사 드레스를 입고 다니던 아이의 꿈은 일곱 살이 되면서 공주가 아니라 전사로 바뀌었다. 커서 뭐가 되고 싶냐 물으면 늘상 '세상에서 가장 용감한 사람'이라 외치고 입술을 앙 다문 채 허리에 양손을 얹었다.
3년 뒤, 미국 뉴저지로 간 어린이에게 세계여성의날을 맞아 뉴욕 증권거래소 앞 두려움 없는 소녀상 옆에서 사진 한 장 찍어 보내라 했다. 소녀상보다 더 다부진* 조카의 표정을 보고 이 아이는 끝내 전사의 꿈을 이루리라 예감했다.
사진은 미국으로 떠나기 전, 네 살 때 조카의 모습이다. 어디서 봤는지 자기도 고양이가 되겠다며 낡은 종이 상자에 들어가 나올 생각을 않았다. 엄마가 재활용 쓰레기 버리는 날이라고 소리쳐도 꿈쩍하지 않았다.
밤이 되자 베개까지 들고 들어가 앞으로는 여기서 살겠다고 선언했다. 그 모습이 하도 재미나 사진기를 들이대자 왜 남의 집을 함부로 찍냐며 4년 된 눈을 부릅떴다.
훗날 당사자의 이야기를 들어 보니 소녀상 옆에서 무슨 의지를 가지고 애써 다부진 표정을 지은 게 아니라 맨해튼 추위를 견디는 중이었다고 한다. 상자에 들어가 살겠다고 한 일은 아예 기억조차 없다고 한다.
역시 인간은 믿고 싶은 대로 믿으며, 추위에 약하며, 다부진 기억도 잊고 마는 허술한 존재다.

굳세다 : 힘차고 튼튼하다. 뜻한 바를 굽히지 않고 밀고 나아가는 바가 있다.
야무지다 : 사람의 성질이나 행동, 생김새 따위가 빈틈이 없이 꽤 단단하고 굳세다.
*다부지다 : 벅찬 일을 견디어 낼 만큼 굳세고 야무지다. 생김새가 옹골차다. 일을 해내는 솜씨가 태도가 빈틈이 없이 야무진 데가 있다.

© 언니네 거실

떳떳하다

북촌 집은 천장에 난 작은 유리문으로 옥상에 드나들 수 있었다. 새 집에 적응한 고양이는 유리문 너머 세상을 궁금해했다. 처음에는 한 발 내디디기도 주저하더니 동네가 한눈에 보이는 전망과 쏟아지는 햇살에 반한 듯 나날이 옥상 체류 시간이 길어졌다.

고양이의 영역은 서서히 옥상 밖까지 넓어졌다. 어느 날은 건너편 한옥 지붕에 위태롭게 서 있기에 행여 기왓장이라도 떨어뜨릴까 싶어 크게 소리질러 불러들였다.

온몸의 털을 곤두세우고 동네 고양이들과 대판 싸운 뒤로는 아예 한 패가 되어 온 마을을 휘젓고 다녔다. 그렇게 저녁에 나가 다음날 새벽녘 귀가하는 '외출냥이'의 삶이 시작되었다. 결국 자식 기다리는 엄마처럼 고양이의 귀가가 늦어지는 날이면 몇 번이나 옥상을 오르내려야 했다.

해질녘에 또 길을 나서는 고양이를 따라 옥상에 올라갔다가 우리집 기와 위에 선 고양이를 보았다. 고양이는 안정된 자세로 동네를 훑어보며 느긋이 꼬리를 흔들고 있었다.

너무나 늠름하고 떳떳한* 모습에 이곳이 세렝게티인가 잠시 착각도 하였다. '하긴 사자도 호랑이도 다 고양잇과에 속하지' 하며 비로소 마음을 내려놓고 슬며시 웃었다.

당당(堂堂)하다 : 남 앞에 내세울 만큼 모습이나 태도가 떳떳하다.
*떳떳하다 : 굽힐 것이 없이 당당하다.

ⓒ 서울 북촌 한옥마을

온종일 담양의 이름난 정자를 찾아다니다 느즈막이 소쇄원에 들렀다. 이리 좋은 데를 왜 진작 몰랐나 싶은 마음에 뒤늦게라도 만끽했다.

해질녘까지 소쇄원을 가득 누리고서 문 닫는 시간에 맞춰 나서는데, 차단봉인 양 길을 가로지른 채 선 백구의 모습이 눈에 띄었다. 별다른 차단 설비가 없는 곳에서 대신 그 역할을 하려는 하려는 듯이 보였다.

가까이 다가가도 백구는 우뚝 선 그 자세 그대로였다. 당당하기 그지없는 뒤태를 한참 지켜보았다. 두 다리와 말아올린 꼬리 사이로 여봐란듯이 배설 기관을 드러낸 떳떳한 자태를 따를 자, 그 누구인가.

그러고 보니 길을 막은 백구의 옆태는 디귿 자 모양이고, 뒤태는 시옷 자 모양이다. 혹 '떳떳'은 올곧게 선 개와 고양이의 자태를 본뜬 말이련가.

© 담양 소쇄원

오롯하다

평평한 바위 위나 좁다란 바위틈에 뿌리 내린 나무와 풀을 자주 본다. 망초는 한 줌이나 될까 한 바위 위 흙 부스러기에서 꽃을 피우고, 오동나무는 그런 흙조차 없는 바위 틈새에서 줄기를 키운다.

길상사 해우소 옆 너른 바위 위에는 제비꽃이 피어나고, 덕수궁 미술관 앞 오래된 은행나무 가지와 가지 사이, 움푹한 자리에는 단풍나무가 싹을 낸다.

풀과 나무는 붙박인 채 널리 씨앗을 날린다. 오롯한* 태도를 견지한 채 널리 사상을 흩뿌린다. 그 대목이 글 쓰는 일과 닮았는데 아쉽게도 좀체 배워지지 않는다.

풀과 나무는 그 씨앗이 닿은 데가 어디든 탓하지 않는다. 스스로 택하지 않은, 바람 타고 날아가다 우연히 내려앉은 자리에서 온 힘을 다해 살아간다. 하여 그를 대하는 자세는 절로 이러하다.

풀은 엎디어 보고
나무는 우러러 본다.

온전(穩全)하다 : 본바탕 그래도 고스란하다. 잘못된 것이 없거나 바르거나 옳다.
*오롯하다 : 모자람이 없이 온전하다.

ⓒ 제주 청수곶자왈

대담하다

'어떻게 하면 글을 잘 쓰나요?' 물어오는 이가 많다. 그럴 때면 잘하는 줄은 모르지만 자주 하는 일이라 답한다. 자주 쓴다고 잘 쓰지는 못해도 잘 쓰려면 자주 쓰긴 해야 한다고 덧붙이면서.

그리 자주 쓰는데도 빈 문서 창에서 1초에 한 번씩 깜빡이는 커서를 의식할 때면 길 없는 길을 가야 하는 불안감에 휩싸이곤 한다. 어떤 날은 홀로 그 까마득한 길을 걷는 게 싫어 아이처럼 땅바닥에 주저앉아 펑펑 울고 싶기도 하다.

인생이라고 크게 다르지 않다. 길 위의 여행자로 살며 답 없는 글을 쓰는 사람에게 안정은 멀리에만 있다. '길 없음'이라는 이정표가 인생길에 놓인 경고장으로 보이도록.

글을 쓸 때마다 저 붉은 이정표를 마주하지만 오늘도 대담하게* 첫 문장을 쓴다. 지우고 쓰고 다시 지우고 쓴다. 글도 삶도 힘들어도 계속하는 수 말고 달리 뾰족한 수가 없으니까.

용감(勇敢)하다 : 용기가 있으며 씩씩하며 기운차다.
*대담(大膽)하다 : 담력이 크고 용감하다.

ⓒ 서울 신당동

다정하다

그 옛날의 문인, 이조년은 '다정도 병인 양 하여 잠못 들어 하노라' 노래했지만, 이즈음 다정은 저 홀로 사는 각박한 세상에 연대의 핏줄을 잇는 거름으로 환대 받는다.

봄날, 벚나무 아래를 지나던 아이는 가방이 고꾸라질 때까지 벚꽃 잎을 살핀다. 아직 봄바람이 찬데 보얀 꽃잎 하나 주워 손등에도 오리고 손톱에도 붙인다. 어린이집 버스가 올 때까지 다정한 눈길로 꽃잎 하나하나 살핀다.

어떤 작정도 없이 가족은 바다를 향해 걸어간다. 여름이어도 바람이 세고 차다. 기우뚱하는 할아버지 넘어질까 손자가 얼른 손을 내민다. 두 사람을 따라 하나둘 손을 맞잡는다. 보이지 않는 핏줄보다 보이는 손금으로 이어질 때 진짜 가족인 양. 위아래가 아니라 옆으로 길게 이어진 가족은 바람을 거슬러 바다를 향해 걸어간다.

안덕면 사계리의 동네책방 '어떤바람'에서 글쓰기 강연을 하러 간 일을 계기로 서귀포에 머물러 살았더랬다. 2017년 문을 연 어떤바람은 김세희 씨 부부가 운영하는 곳으로, 남편 이용관 씨는 20여 년 다니던 대기업을 나온 후 제주올레에 반해 아예 서귀포로 이사했다.

---

*다정(多情)하다 : 정이 많다. 또는 정분이 두텁다.
 정(情)겹다 : 정이 넘칠 정도로 다정하다.
 정(情)답다 : 다정한 정이 있다.

ⓒ 서귀포 사계해변

ⓒ 어떤바람 뒷마당

그는 주로 천혜향 농사를 지으며 때로 서점 일을 돕는다. 가끔 그가 마당 구경을 시켜 줄 때면 제주에 온 그해부터 함께 산 골든 리트리버, 서점의 영업부장 산방이가 호위무사처럼 그를 뒤따른다.

마당에는 닭도 여러 마리 사는데, 그중 유일한 수탉은 그가 다가가도 도망가지 않는다. 식품점에서 사 온 유정란을 키워 태어난 '대장'은 다섯 살 된 그의 반려닭이다. 같은 척추동물일 뿐, 엄연히 속한 강(綱)이 다를진대 둘은 서로 정을 나누는 가족이다.

그와 대장의 이야기는 사람과 동물의 관계를 주제로 한 다큐멘터리 '집에서 살던 새는 모두 어디로 갔을까'에 담겨 2025 전주국제영화제에서 상영되었다.

꽃잎을 헤아리는 어린이, 손을 맞잡은 삼대, 수탉을 껴안은 농부까지 저마다 나이와 성별, 사는 데와 하는 일은 달라도 하나같이 다정하다.

꽃잎은 배웅하듯 아이를 뒤따라 우 일어나고, 가족이 섰던 자리에는 나란한 발자국이 남는다. 유정란 때부터 수탉을 키운 용관 씨와 달걀 시절부터 그의 목소리를 듣고 자란 수탉은 연인처럼 서로의 품에 꼭 안긴다.

이처럼, 서늘한 자리마다 온기를 전하는 다정은 아무래도 병이 아니라 약인 듯하다.

느긋하다

서귀포 살 때, 아침마다 사계해변을 자주 걸었다. 특별한 약속 없이도 그곳에 가면 동네 개들이 하나둘 모여들곤 했는데 드물게 휘파람을 만났다.
휘파람은 목에 꿩 깃을 단 멋들어진 백구다. 마냥 천진하게 뛰어다니는 다른 개와 달리 어딘가 느긋해* 보이는 휘파람 곁에서 보호자는 더 느긋이 모래밭에 한자를 써내려가곤 했다.
밀물이 차면 금세 지워질 글씨를 정성 들여 쓰는 그의 모습에 물 찍은 붓으로 바위에 글씨를 쓰고 바위가 마르면 다시 글씨를 쓰던 어떤 이의 모습이 겹쳐졌다.
알아보는 글자는 달랑 아닐 부(不) 자밖에 없는데도 느리게 한 자 한 자 한자를 써내려가는 모습이 흥미로워 그 모습을 오래 지켜보곤 했다. 길게 써내려간 글자 옆에 새와 개, 사람의 발자국이 나란한 모습은 마치 문명의 요소를 한 장에 압축한 풍경 같았다.
그에게 무엇을 쓰는지 물어본 적은 없다. 자유로이 할 바를 해 나가는 그를 보며 시간과 물질과 사람에 얽매인 채 모든 앞태에 집중하던 스스로를 되돌아볼 뿐이었다.
집으로 돌아가는 그와 휘파람의 느긋한 뒤태를 보며 아끼는 책 《뒷모습》의 한 대목을 떠올렸다.

등은 거짓말을 할 줄 모른다.
뒤쪽이 진실이다.

*느긋하다 : 마음에 흡족하여 여유가 있고 넉넉하다.

ⓒ 서귀포 사계해변

6 가치의 언어

고개를 끄덕이는 '괜찮다'부터
등을 토닥이는 '장하다'까지
언제 들어도 기껍도록 든든하며
가치로운 우리말 형용사는
들리는 것보다
훨씬 많다.

괜찮다
마침맞다
오묘하다
빼어나다
신기하다
경이롭다
거룩하다
장하다

괜찮다

지난 봄, 오른발 네 번째 발가락이 찢어져 다섯 바늘을 꿰맸다. 문단속하다가 방바닥에 둔 도마꽂이에 발가락이 끼면서 제대로 꺾여 버렸다. 디딜 때마다 욱신한 통증과 불편한 걸음으로 제주에서 큰 행사를 치르고 나니 기운이 다 빠졌다.
곶자왈 동무에게 치유를 청했다. 제주에 머물러 살 때, 난개발로 훼손되어가는 숲을 지키는 '곶자왈사람들'이라는 단체의 숲길 걷기 모임에 들어 매주 걸었다. 그 모임에서 처음 만난 정순 씨는 애월읍 유수암리 너른 텃밭에서 갖가지 산약초를 키우는 사람이다.
다시 뭍으로 돌아와 이따금 제주에 갈 적마다 그녀와 오름이나 곶자왈을 걷는다. 세 오름을 연이어 걸어도 끄떡없는 그녀는 이번만은 발이 성치 않은 환자를 배려해 해발 고도가 낮은 까끄래기오름으로 길을 잡았다.
오르기 무섭게 도착한 정상에서 환자가 잠시 다리를 펴는 사이, 정순 씨는 어느새 치유의 밥상을 뚝딱 차렸다. 녹두와 서리태를 넣고 지은 찰밥, 꿩마농과 쪽파로 담은 김치, 아침에 딴 곰취와 약초 된장까지 고기 한 점 없이도 더할 나위 없는 밥상이었다.
'이제 괜찮다*, 걷느라고 사느라고 애썼다, 이제 다 나아지리라' 전하는 참 좋은 밥상이었다.

*괜찮다 : 별로 나쁘지 않고 보통 이상이다. 탈이나 문제, 걱정이 되거나 꺼릴 것이 없다. 그럴듯하다 : 제법 그렇다고 여길 만하다. 제법 훌륭하다.
근사(近似)하다 하다 : 거의 같다. 그럴 듯하게 괜찮다.

© 제주 까끄래기오름

마침맞다

북촌에서 맞이한 첫 봄, 막 피어난 영춘화 꽃잎처럼 삼청공원에 나무 보러 가는 길은 마냥 설레었다. 사나흘 바쁜 일로 공원에 못 가다가 드디어 마음먹고 길을 나서니 때마침 봄비가 쏟아졌다. 토독토독 쌀알 부려지는 소리가 나는가 싶더니 쏴쏴 비 긋는 소리가 거세졌다. 잔비는 금세 장대비가 되었다.
다음날, 이른 아침에 공원에 드니 그새 봄꽃은 다 지고 없었다. 포도처럼 주렁한 귀룽나무 꽃은 흔적도 없이 사라졌고, 벚꽃도 연분홍 꽃술로만 남았다. 꽃 필 적에는 아무일 말 것을, 후회하며 터벅터벅 발길을 돌렸다.
발끝만 보며 걷다 '도시가스'라는 네 글자가 양각으로 뚜렷한 맨홀 뚜껑이 눈에 띄었다. 어디선가 벚꽃잎이 날아와 뚜껑 주위로 오소소 몰려들었다. 둔중한 쇳덩어리의 낮은 골마다 여린 꽃잎이 고였다.
검고 단단한 무쇠 뚜껑과 보얗고 여린 벚꽃잎, 어울리지 않을 듯한 양극성의 두 존재는 잘도 어우러졌다. 인간과 자연의 공생이 가능성을 넘어 예술성을 이룬 모습에 마음이 붙들렸다.

알맞다 : 일정한 기준, 조건, 정도 따위에 넘치거나 모자라지 아니한 데가 있다.
적당(適當)하다 : 정도에 알맞다.
맞춤하다 : 비슷한 정도로 알맞다.
*마침맞다 : 어떤 기회나 경우에 꼭 알맞다.

글쓰기 수업을 할 때면 수강생에게 그 마침맞은* 풍경을 자주 내보인다. 사진 속 '도시가스' 네 글자를 넣어 사진 속 풍경에 어울리는 한 문장을 지어 보라고 한다. 단, 단어의 원래 뜻 그대로 활용하지 말고 한두 음절씩 분해해서 써야 한다는 전제를 달고서.
너무나 익숙한 단어를 두고 하는 낯선 시도에 다들 망설이기만 하다가 끝내 '큰 도시 가스 냄새', '도시가 스러진다' 같은 문장을 만들지만, 풍경과 꼭 맞지 않아 지은이도 아쉬워한다. 하는 수 없이 처음 그 풍경을 보았을 때의 그 마음을 담은 싯구 한 자락 내보인다.

네게도 시가 스미길!

ⓒ 서울 삼청공원

오묘하다

북촌살이의 좋은 점은 하도 많았는데, 시야를 가리는 높은 건물이 없어 조망권이 확보된다는 점과 실핏줄처럼 큰길을 이어주는 샛길이 많아 동네 산책이 매번 새록새록 한 점이었다.
아침나절, 샛길과 샛길을 이어 걷다 계동을 지나 창덕궁 후원의 서쪽 동네, 원서동까지 갔다. 그곳에서 오묘한* 풍경과 마주쳤다. 누군가 대문 앞에 내놓은 낡은 문갑 위로 나팔꽃이 만개하고, 방울토마토까지 푹 익은 풍경은 신사임당의 화조도(花鳥圖)나 초충도(草蟲圖)처럼 자연스러워 더 아름다웠다.
자세히 보면 나팔꽃은 토마토 줄기를 감고 있다. 공으로 얹혀 살아 그런지 나팔꽃 이파리가 보다 생생하고, 꽃도 천진해 보인다. 그에 비해 토마토는 이파리가 파리하고, 열매도 길게 터졌다. 어쩌다 마주한 소소한 풍경에 '사는 건 다 똑같군' 해탈과 허탈이 뒤섞인 속엣말을 했다.
한옥 마을을 떠나 아파트 살이를 시작했을 때 한동안 동네에 정을 붙이지 못했다. 문을 열면 앞집 자리에 앞 동(棟)이 보이는 풍경이 숨막혔다. 갇힌 듯 갑갑한 나날을 보냈다.
아파트 근처에 남산자락숲길이 그 위로 지나는 제법 큰 굴다리가 있는데, 해마다 담쟁이가 늘어지는 풍경만은 좋았다.

심오(深奧)하다 : 사상이나 이론 따위가 깊이 있고 오묘하다.
묘(妙)하다 : 모양이나 동작이 색다르다.
*오묘(奧妙)하다 : 심오하고 묘하다.

숲길에 뿌리를 두고 굴다리 안쪽, 활처럼 휜 벽 끝까지 타고 오르는 담쟁이의 푸른 기세는 볼 때마다 놀라웠다.
담쟁이는 깨알처럼 작은 흡반을 빨판 삼아 조금씩 뻗어나간다. 같은 덩굴성 식물인데, 나팔꽃은 무언가를 감아오르고 담쟁이는 무언가에 붙어 오른다. 빌붙어 살기는 매한가지인데 그 안에서 또 갈래가 나뉜다.

기대 사는 무생물에 매 순간
새 빔과 함께 새 숨을 선사하는
담쟁이의 미덕은 염치(廉恥)로구나!

부끄러움을 아는 담쟁이는 이처럼 시재를 던지고 시심을 자극한다.
스스로도 작가인 담쟁이는 매년 다른 작품을 완성한다. 올해는 비로자나불(빛으로 중생을 깨우치는 부처)의 형상을 그렸다. 우연하여 더 오묘한 작품 앞에서 절로 '성불(成佛)하소서' 읊조리었다.

ⓒ 서울 원서동

© 서울 남산자락숲길

빼어나다

장미꽃 모양을 닮은 로제트(Rosette)는 풀의 겨울나기 전략 중 하나다. 흔한 봄동과 민들레는 알고 보면 빼어난* 로제트 전략가다.

이 위대한 풀들은 잎을 공중으로 틔우지 않는다. 모든 잎을 지면에 딱 붙인 채 사방으로 펼친다. 덕분에 풀잎은 귀한 겨울볕을 고루 받으며 모진 추위를 견딘다.

2017년, 업계에서 두 번째로 큰 출판 도매상이 파산하면서 수많은 출판사와 서점이 수백 억의 피해를 보았다. 2025년에는 업계에서 네 번째로 큰 출판 도매상이 파산 선고를 받았다.

출판계에 몸담은 여러 지인에게 위로 대신 로제트 사진을 전송했다. 응달이 깊어지는 출판계에 몸 담으며 '문명의 서가'를 밝히는 이들에게 사진 아래 두 문장을 함께 실어 보냈다.

로제트처럼 몸은 낮추되 움츠리지 말고
부디 빛을 향해 뻗어가기를.
곧 봄(See you soon)!

두드러지다 : 겉으로 드러나서 뚜렷하다.
뛰어나다 : 남보다 월등히 훌륭하거나 앞서 있다.
*빼어나다 : 여럿 가운데서 두드러지게 뛰어나다.

ⓒ 파주 금촌동

신기하다

어쩌다 미국 올랜도에 한 달 남짓 머무르면서 플로리다의 특산물은 알려진 대로 미키 마우스나 특상급 꿀이 아니라 구름이라는 사실을 깨달았다. 디즈니 만화보다 희한한 구름 보는 재미가 대단했다.

한국에 돌아와서도 그 구름이 그리웠다. 서울에서는 도통 그런 구름을 못 보다가 제주에 살며 원을 풀었다. '구름 따라 걷기! 정처 없이 걷기' 같은 소망도 이루었다.

어느 날에는 절반은 희고 절반은 잿빛의 짬짜면 같은 구름을, 다른 날에는 정겨운 빨래판 같은 구름을, UFO 같은 원반 모양의 구름이 산방산 중턱에 걸린 모습도 보았다.

제주시에 나갔다가 쉼표를 닮은 구름을 보고 자동차로 한참을 쫓았다. 신도심의 노형동에서 구도심의 용담동까지 30여 분을 지켜보았는데 희한한 구름은 변치 않고 그 모습을 유지했다.

찾아보니 화산 지대에서 종종 발견되는 렌즈(Lens)구름이라 한다. 한라산처럼 높고 완만한 화산을 넘어온 남서풍이 소용돌이와 저기압을 만나 생긴 구름이다.

어쩐지 렌즈구름이라는 이름이 마뜩찮다. 신이 출타할 때 타고 다니는 배 같으니 신선(神船)구름이나 '쉬어 가라' 전하는 신의 대국민 담화 같기도 하니 휴거(休去)구름은 어떨까. 이러나저러나 참 신기(神奇)한* 구름이다.

색(色)다르다 : 동일한 종류에 속하는 보통의 것과 다른 특색이 있다.
놀랍다 : 감탄스러울 만큼 굉장하거나 훌륭하다.
*신기하다 : 믿을 수 없을 정도로 색다르고 놀랍다.

© 제주 노형동

경이롭다

때로 숲에서 글 짓기 수업을 한다. 숲 놀이를 하면서 숲에서 글감을 줍고 그 글감으로 글을 짓는다. 한참 숲을 관찰한 후 가장 소중한 나뭇잎 하나를 구해 오기로 한 다음, 그 나무 이름으로 N행시를 짓는 식이다.
장미 잎을 가져온 아이는 쾌재를 부르고 히어리, 개나리 같이 이름이 세 글자만 되어도 한숨을 쉰다. 그중 한 학생은 무려 다섯 자나 되는 이름의 나뭇잎을 가져오고 말았다.
친구들의 장탄식과 정 힘들면 다른 잎을 가져와도 된다는 나의 제안에도 아랑곳없이 학생은 묵묵히 시를 써내려갔다. 5년도 더 된 일인데 아직 그 오행시를 기억한다.

당신을 기다립니다.
단풍나무 아래에서 오늘도
풍선껌을 불며 당신을 기다립니다.
나는 이리 당신을 기다리는데
무심한 당신은 왜 아니 오시나요.

ⓒ 포천 국립수목원

하루는 그 친구들에게 '식물은 왜 꽃을 피울까' 물었다. '사람 보기 좋으라고, 사람에게 좋은 향기를 풍기려고' 등 인간 중심의 답변이 난무하다가 '때가 돼서'라는 철없는 소리까지 들려왔다. 그럴 때면 비장의 무기, 보리수 사진을 내보인다. 한여름, 익을 대로 익은 보리수 열매는 그 아래 비쩍 마른 무언가를 매달고 있다. 궁금해 하는 아이들에게 꽃이라 알려주면 영 믿지 못한다.

결국 꽃 아래에는 씨방이 있다, 꽃 진 자리에 열매가 맺히기에 꽃차례만 알면 열매 차례는 따로 배우지 않아도 된다, 사진 속 보리수처럼 미처 꽃이 떨어지지 못한 채 열매가 다 익기도 한다, 짧은 식물 강의를 한다.

언젠가 풀 공부하러 운길산에 갔다가 지인이 종덩굴 씨앗을 발견했다. 마치 인간의 난자와 정자가 만나는 듯한 모습에 '경이롭다*'는 말 말고는 다른 어떤 말도 떠오르지 않았다.

가끔 잠든 조카의 키를 손뼘으로 재다가 아득해지곤 한다. 난자와 정자가 만나 태아가 되고 마침내 엄마 배 밖으로 나와 비 온 뒤 죽순처럼 쑥쑥 자라서는 "(손끝으로 코끝을 들어오리며) 이모 꿀꿀해? 꿀꿀!"이라며 이모를 놀리다니! 이보다 경이로운 일이 어디 있으랴.

*경이(驚異)롭다 : 놀랍고 신기한 데가 있다.

© 남양주 운길산

거룩하다

직업이 작가라고 하면 덮어놓고 부러워하는 이가 많다. 좋아하는 일을 직업으로 삼았다는 점만은 다행이라 여기지만, 이 땅에서 글밥 먹고 살기가 얼마나 힘든지는 굳이 말하지 않는다. 세상에 어떤 일이 아니 그러할까.
언젠가 '먹고 살려고 별일을 다 하네' 혼잣말을 했다가 '먹고 사는 일이 얼마나 중한데!' 혼난 적이 났다. 정말이지 먹고 살려면 별일을 다해야 한다.
한여름 한낮, 이카로스의 후예도 아닌데 다들 피하는 태양빛에 더 가까이 다가가기를 주저하지 말아야 한다. '엘리베이터 타지 말라'는 공고가 나붙은 고층 아파트에 물건을 배달하고, '사랑합니다, 고객님' 외쳤건만 증오뿐인 고성과 욕설을 들어야 한다.
먹고 살기 위해 어미 게의 배를 갈라 실한 알을 내보이는 어미도 있고, 아들 같은 손님에게 '그러니까 그 나이 처먹고 이런 일이나 하지' 개소리를 듣는 아비도 있다. 그럼에도 불구하고 별의별 일 다 해야 한다.

먹고 살아야 하니까.
새끼들 먹여 살려야 하니까.
그보다 거룩한* 일 또 없으니까.

*거룩하다 : 뜻이 매우 높고 위대하다.
위대하다 : 도량이나 업적, 능력 따위가 뛰어나고 훌륭하다.

ⓒ 서울 혜화동

장하다

민들레꽃은 겉보기에는 한 송이처럼 보이지만 많게는 2백 여 송이의 낱꽃이 한데 모인 꽃이다. 하니 한 송이가 아니라 한 다발이라 불러야 옳다. 암술과 수술, 갓털과 씨방이 달린 노란 꽃잎 하나가 곧 꽃 한 송이다.
한자리에서 자란 수백의 씨앗은 갓털 덕분에 잔바람에도 높이 날아올라 멀리까지 퍼진다. 머지않아 수백 송이 꽃을 키워낼 하나의 씨앗은 다시 내려앉은 데가 어디든 쉽게 밟히지도, 뽑히지 않는다.
비영리공익단체인 한국유방건강재단에서는 매년 여성의 건강 관리, 특히 유방암 관리에 대한 인식을 높이기 위해 다채로운 방식으로 핑크 리본 캠페인을 펼친다. 2015년에는 수익금의 일부를 저소득층 유방암 환우의 치료비로 기부하는 음원 프로젝트를 진행했다. 그렇게 탄생한 심규선의 노래 '피어나'는 노랫말도 그러하지만 뮤직비디오를 이룬 샌드 아트(Sand Art)까지 각박한 터의 민들레, 곧 힘겨운 누군가를 끝내 북돋우는 응원가다.

한 조각 햇빛도 들지 않는 그런 캄캄한 궁지에
바람을 타고서 날아왔나 작고 외로운 꽃씨
어둡고 후미진 골목에서 넌 뿌리를 내렸지

척박한 자리에서 때로 아픔과 두려움에 시달리지만 민들레는 끝내 한 송이 아니 한 다발의 꽃을 피운다. 힘겨운 누군가에게 힘이 되려는 듯, 살아 있기에 살아간다. 살아가기에 살아 있다.

훌륭하다 : 썩 좋아서 나무랄 곳이 없다.
자랑스럽다 : 남에게 드러내어 뽐낼 만한 데가 있다.
*장(壯)하다 : 기상이나 인품이 훌륭하다. 마음이 흐뭇하고 자랑스럽다.

여수시에 속한 섬은 무려 365개라 하루에 한 군데만 가도 1년이 다 간다. 제주올레의 인기가 높아지면서 전국에 걷기 좋은 길이 많아졌는데 금오도에는 바닷가 절벽 위를 걷는 비령길이 생겼다. '비령'은 벼랑을 이르는 사투리다.

금오도는 남해안에서는 드문 해안 단구 지형이라 섬의 가장자리에 기암괴석이나 절벽이 많다. 다섯 구간에 걸친 20킬로미터 남짓한 비령길은 그 해안 절경을 감상하며 걷는 길이다. 작은 섬에 깎아지른 절벽이 얼마나 될까, 방심했다가 된통 당했다. 배가 닿은 함구미마을에서 오솔길을 따라 산 쪽으로 들 때까지는 정겨운 섬마을 풍경이다가 이내 아찔한 벼랑이 이어진다.

비령길은 오래 전부터 섬 사람들이 땔깜 구하고 물고기 잡으러 다니던 길이다. 어쩌다 보니 섬에 살게 되었고, 살려면 아무리 살 떨려도 걸어야 했던 길이다.

잠시 쉴 자리를 찾아 행길에서 벗어났다. 자그마한 구덩이에 푸릇한 저것이 무엇인가, 하고 다가가니 등대풀이다. 해안가에 흔한 등대풀은 잎 한 가운데 작은 잎이 나고 그 위에 네댓 송이의 꽃이 피는, 잎과 꽃이 모두 푸른 풀이다.

씨앗 한 톨 내려앉을 자리만 있으면 어디든 싹을 틔워 그런가. 남다른 생명력을 가진 민들레와 등내풀 모두 열독을 내리고 염증을 없애는 데 탁월한 약초다. '장하다*, 장해' 등을 토닥이고 싶은데, 풀은 사람의 칭찬 따위 필요 없단다.

짜장 장하다.

ⓒ 여수 금오도

이   책   을

오 래   기 다 려   주 신

분 들

강미옥 강지연 고예원 권민선 김나경 김소담 김예솔 김재윤 김전영
　　　김종현 김지연 김태은 김화영(책나물)
　　　노미자 느티나무도서관
　　　도경희
　　　류니 류주연
　　　문예주
　　　박숙희(메멘토) 박정현 박지우 박건우 밝을명
　　　배지현 백지율 부호건 브로(브로북스)
서민선 서인 서경희 서용재 선완 성민경 성보미 성은
손영혜(새봄커뮤니티) 손혜정(이월오일) 송지원 송지영 승쉬리 신은섭
　　　　　양선미 오아라 오훈환 원진희 유영주 유정 윤지현 윤태정
　　　　　　　　　이민주 이수아 이슬현
　　　　　　　이영옥 이영은 이유진 이현정 이현주 이현화(혜화1117) 임진미
장보라 전은정(목수책방) 정현경 정현숙 조은희 조현아 주순진 지철원
　　　　　　　차영지(내로라출판사) 최미라 최아영(느린서재) 최지은
　　　　　　항동푸른도서관 홍은 황건 황예진 황진희 황혜영 현진양 호재

** 2025 서울국제도서전과 이음 인스타그램에서 《말문이 열리는 순간》을 예약 주문하고
　여름내 기다려 주셔서 고맙습니다.

이 응 의
우 리 말
책 들

《맛난 부사》
우리말 부사 미식 여행

2022 한국출판문화산업진흥원
우수출판콘텐츠 선정작

글 · 그림 장세이

스며드는 힘, 덧붙이는 힘,
응어리진 힘, 아름다운 힘을 가진
아름답고 쓸모 있는 우리말 부사를
단맛, 짠맛, 신맛, 쓴맛, 물맛 등
다섯 가지 말맛으로 나누어
흥미롭게 소개하는 우리말 교양서입니다.
오래도록 글밥을 먹고 산 저자가 정성껏
가려 모은 스물다섯 개의 단어와
각 단어에 어울리는 그림은
말맛에 무뎌진 미각을 일깨우고
우리말을 깊이 음미하도록 이끕니다.

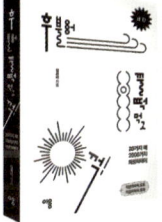

《후 불어 꿀떡 먹고 껙!》 새 판
20가지 때 2000가지 의성의태어

글 장세이

자유롭게 의성의태어를 구사하도록
일과, 감정, 형태, 기후 등
네 개의 큰 갈래 아래 일상의 다채로운
스무 가지 상황에 어울리는 의성의태어
2천 가지를 총망라한 역작입니다.
의성의태어를 한눈에 보기 좋도록
작가가 고안한 도표는 기발하고
그 단어로 만든 동화는 흥미롭습니다.

말 문 이
열 리 는

순
간

이응 0004
말문이 열리는 순간
찰나에 어린 우리말 형용사

펴낸날 1판 1쇄 2025년 9월 15일

지은이 이온
펴낸이 장세이
펴낸곳 이응

등록번호 제2022-000010호
전화 070-4224-3030
팩스 0303-3442-3030
전자우편 oioiobooks@naver.com
인스타그램 www.instagram.com/oioiobooks

디자인 꽃피우다 강상희

Copyright© 이온, 2025
ISBN 979-11-980578-4-6 03810
값 22,000원

*이 책의 판권은 지은이 이온과 펴낸곳 이응에 있습니다.
*이 책은 지은이 이온과 펴낸곳 이응의 독점 계약으로 출판되었기에
 이 책에 실린 내용의 무단 전제나 복제, 광전자 매체 수록을 금합니다.